捕捉儿童敏感期

安中玉／编著

吉林文史出版社
JILIN WENSHI CHUBANSHE

图书在版编目（CIP）数据

捕捉儿童敏感期 / 安中玉编著 . -- 长春：吉林文史出版社，2023.5

ISBN 978-7-5472-9147-4

Ⅰ . ①捕… Ⅱ . ①安… Ⅲ . ①儿童教育—家庭教育 Ⅳ . ① G782

中国版本图书馆 CIP 数据核字 (2022) 第 196642 号

捕捉儿童敏感期

BUZHUO ERTONG MINGAN QI

编　　著　安中玉
出 版 人　张　强
责任编辑　张雅婷
封面设计　郑金霞
出版发行　吉林文史出版社
地　　址　长春市净月区福祉大路 5788 号出版大厦
印　　刷　天津海德伟业印务有限公司
开　　本　640mm × 910mm　1/16
印　　张　12
字　　数　133 千
版　　次　2023 年 5 月第 1 版
印　　次　2023 年 5 月第 1 次印刷
书　　号　ISBN 978-7-5472-9147-4
定　　价　69.00 元

前言
PREFACE

“敏感期”的概念最初是由荷兰生物学家德·弗里提出来的，他在研究动物的成长过程中发现，动物在成长中对环境具有一种特殊的敏感性，而这些敏感性会令动物迅速掌握某一生存技能。

后来，意大利伟大的教育家蒙台梭利在教育实践过程中发现孩子的成长也有类似的现象，便提出了“儿童敏感期”这一理论。“儿童敏感期”的理论提出，孩子在0到6岁的这个阶段，他们会出于自身发展的内在需求，突然对某种特定的事物感兴趣，甚至表现出一种狂热的状态。

比如：

喜欢把能够拿得到的东西，都放到嘴巴里“尝一尝”；

对各种“小洞洞”感兴趣，并把手指头塞进去试一试；

喜欢拿着画笔画个不停，在家里各处留下“墨宝”；

以前很听话，忽然间爱跟父母对着干，你说东，他偏往西；

以前沉默寡言，现在每天问十万次“为什么”；

……

这些都是孩子在敏感期的表现，也是孩子在内在生命力驱使下的一种实践过程。不明所以的家长，会认为这是孩子突然间的转变；而有“备”而来的家长，则知道这是孩子的某个敏感期来临了。同时也明白，正是在这些实践中，孩子对于这个世界的认知能力逐步得到提高。

可以说，孩子的成长就是由一个又一个的“敏感期”组成的。孩子成长的每一步，都与敏感期息息相关。但敏感期是短暂的，孩子的内心需求得到满足后，其敏感度就会下降，直到消失不见。有时候也会因为被他人强制阻止而中断。

有的敏感期一旦消失，就没有机会重新来过，比如：孩子的感官敏感期。每种感官的发育只有一次，错过了就再也没有补救的机会了。而有的敏感期是有弹性的，如果在 0 到 6 岁之间没能得到良好的发展，那么在 6 到 12 岁期间还有补救的机会，比如：阅读敏感期，错过了第一次，还会有第二次。

但现实是，在 6 到 12 岁这个阶段，孩子会在一个更加复杂的环境中成长，在学习的压力下，他们既得不到 6 岁以前所享受到的宽容与疼爱，也得不到长大后所需要的尊重与理解。因此，很多可以补救的机会，就在家长的忽略中消失不见了。

因此，可以说敏感期对于每一个孩子而言，其实只有一次，家长抓住了，就能助力孩子走好成长的每一步；抓不住，就只能眼睁睁地看着它溜走。

那么，作为家长，我们应该怎么认识、了解并利用好孩子的敏感期呢？本书通过琪琪、妞妞、思思、晨晨和淘淘几位小朋友在成长过程中的种种表现，解析了孩子的行为与敏感期之间千丝万缕的关系。并选取了孩子成长过程中最为关键的六个敏感期——语言敏感期、秩序敏感期、感官敏感期、动作敏感期、阅读书写绘画敏感期以及社会认知敏感期，诠释了在这些关键的敏感期内，家长应该给予孩子正确引导，不错失每一个敏感期的教育机会。

另外，需要补充说明的是，孩子的敏感期有很多个，除此之外，还会有细微事物敏感期、文化敏感期等，每一个敏感期的出现时间与持续时间，在不同的孩子身上会有不同程度的提前或是延迟，有的敏感期会持续很久，有的敏感期可能稍纵即逝。

对此，家长们不必感到焦虑或是疑惑，无论敏感期长短，我们只要能够做到在孩子敏感期来临之时，给予孩子应有的尊重和爱护，并加以正确的引导，相信每个孩子都能在爱的呵护下，健康快乐地成长。

目录

CONTENTS

第一章

0~6 岁，捕捉儿童的语言敏感期

在过去，人们有一个错误的认知，就是认为孩子从开始说话的那一刻起，才开始进入对语言的学习当中。但事实上，0~6 岁是孩子语言发育的敏感期。

孩子发出第一句“咿咿呀呀”时，他们已经开始尝试着用自己的语言与这个世界进行沟通了，从专有名词“妈妈”“爸爸”，然后到更加复杂的词语和句子，孩子的语言就这样发展起来了。这就是大自然所赋予孩子的语言敏感力。这个过程对于孩子而言，是一个十分有趣，且充满了成就感的过程。

因此，我们要在这个时期重视对孩子语言能力的培养，毕竟语言的能力发展将对孩子的未来产生巨大的影响，将来孩子如何与人交流，如何表达自己，如何与人进行有效的沟通，都要依赖他们的语言能力。

模仿、重复、匹配，学习说话的每一步都很重要

孩子在 0~2.5 岁这个阶段里，他们展现出了惊人的语言模仿能力。这种模仿分为三个阶段：

一是对声音作出反应阶段；

二是模仿发音阶段；

三是用语言表达思想阶段。

在第一阶段内，孩子并不知道父母在说些什么，但是当父母与他们交流时，他们会做出“咿咿呀呀”的回应；到了第二阶段，孩子对周围的声音会变得更加敏感，并开始模仿父母的话语；进入第三个阶段后，孩子可以用语言来表达自己的思想感情了。

这三个阶段，每一个阶段都很重要。

1 岁淘淘的故事

淘淘在客厅和奶奶玩耍。妈妈在厨房做饭。

忽然妈妈听到淘淘喊：“妈妈！”

妈妈连忙从厨房探出头来，回应道：“唉，宝贝。”

看到妈妈出来，淘淘露出了开心的笑容。

然而，妈妈重新回到厨房没多久，又听到了淘淘的叫声：

“妈妈！”

妈妈再次走出厨房，回应道：“唉，宝贝，叫妈妈什么事呀？”

淘淘却不说话了，只是看着妈妈笑。

妈妈再次回到了厨房，然而没过多久，淘淘喊“妈妈”的声音再次响起。

这一次，淘淘妈妈有些不耐烦了，于是便没有再回应淘淘。客厅接连不断地传来淘淘喊“妈妈”的声音。

“妈妈！”

“妈妈！”

“妈妈！”

……

一声比一声大，无奈之下，淘淘妈妈再次走出了厨房，叉着腰问道：“宝贝，你总是叫妈妈，想要干什么呀？”

可是淘淘并不想干什么。看着淘淘那张可爱的笑脸，淘淘妈妈的语气又缓和了下来，温柔地说：“宝贝，妈妈在做饭，你和奶奶玩儿，不要叫妈妈了，好不好？”

淘淘乖乖地答应道：“好。”

三分钟过后……

“妈妈！”淘淘一边拍着厨房的门，一边喊道。

妈妈以为这一次淘淘是真的有事了，于是连忙打开厨房的门，说道：“宝贝要干什么呀？”可是淘淘依旧只是看着妈妈笑。

1岁的孩子就像是一个“复读机”，他们总是喜欢不断地重复某个词语，其中重复率最高的词语，就是“妈妈 ”。他们就像故意逗我们一样，不停地叫我们，我们答应了以后，他们就会露出开心的样子；我们若是不理他们，他们就会一直不停地叫下去。

你或许感到很生气，但千万不要生气，这只是孩子在练习。在孩子的语言敏感期内，他们对大人所发出的声音异常敏感，当他们的耳朵接收到大人的声音时，便会去模仿，并在不断重复的过程中，发现事物与其名称之间的奥秘。

孩子不停地呼唤“妈妈”，是因为他们在重复练习这个词语的时候，找到了一应一答的乐趣，他们发现了“妈妈”这个词语与妈妈之间的关系，即：每当他们喊“妈妈”时，都能够得到妈妈的回应，他们一喊“妈妈”，妈妈就会出现。这个情景对于 1 岁多的小孩儿来说，既新奇又有趣，所以他们才会乐此不疲地反复进行。

而在这个不断重复的过程当中，“妈妈”这个词语和妈妈这个人之间的关系，就在孩子的大脑中建立起来了。就像哥伦布发现了新大陆一样，这个发现同样会让孩子感到十分新奇和有趣，让他们感到兴奋不已。

此时的我们不要因为孩子不断呼唤而产生不耐烦的情绪，甚至是板起脸来教训孩子，这会让孩子对语言的敏感度受挫。

相反，当孩子这样做时，我们应感到高兴，因为孩子的语言能力正在迅速发展。这时，我们只需要拿出足够多的耐心来，陪孩子进行这个“一应一答”的游戏就好了。

妞妞 2 岁时的故事

妞妞 2 岁半后，语言的表达能力就越来越强了。经常会出人意料地冒出几个新词语，让妈妈大吃一惊。

这天，妈妈切了水果放在桌子上，然后让妞妞去房间里叫爸爸出来吃水果。妞妞很愉快地接受了这个任务，一边向房间里走去，一边用稚嫩的声音喊道："老公，吃水果。"

妞妞妈妈愣了一下后，顿时笑得腰都直不起来了。妞妞见状，也跟着笑了起来。

事后，妞妞妈妈并没有将这件事当回事。没过多久，妞妞的语言模仿能力又有了质的提升。

一天，妈妈陪妞妞一起玩儿的时候，故意逗妞妞，将玩具悄悄藏了起来。妞妞发现后，小手指头指着妈妈说了一句：“你个小坏蛋！”

妈妈一下子就愣住了，第一反应就是“妞妞学会骂人了”。正准备开口说“妞妞不许骂人”时，妞妞又开口说话了：“再捣乱，就打你屁屁。”

这语言，这语气，让妞妞妈妈有一种似曾相识的感觉，再仔细一想，立刻恍然大悟起来，这不就是她经常对妞妞说的话吗？

每当妞妞淘气的时候，妈妈都会用宠溺的语气说道：“你个小坏蛋，再捣乱就要打你屁屁咯。”

原来，妞妞不是学会了骂人，她只不过是在模仿妈妈的话语来表达自己而已。妞妞妈妈虚惊了一场后，开始反思自己，是不是平时说话有些不注意，才导致妞妞学习到了一些不美好的词语呢？

在孩子的眼中，家里的大人就是他们模仿和学习的对象，无论大人说些什么，在孩子眼中都没有好坏之分。所以，有时候孩子模仿的语言并不优美，就像妞妞一样。这时，我们要有意识地培养自己的教育敏感度，千万不能粗暴地干涉孩子的模仿，剥夺他的模仿权利。否则，孩子语言能力的发展速度将会大大减慢。

那么，面对孩子可怕的模仿力，我们应该怎么做呢？

那就是引导孩子模仿更优美、更有意义的语言。比如：带着孩子读一读儿歌呀，或是有意识地给孩子读一些优美的句子，从而让孩子自然而然地摒弃那些不好的语言。父母是孩子的启蒙老师，父母教给孩子什么，孩子就会学习什么。同样，我们在孩子耳边说什么，孩子也会模仿什么。

同时，我们作为父母，要有意识地注意与他人沟通的语言，尽量让孩子听到优美的语言。这样，孩子模仿出来的词，也是优美的。

思思 2 岁半时的故事

自从会说的话越来越多后，思思就变成了一个“小话痨”，每天一睁开眼，小嘴就说个不停。最让妈妈难以招架的是，思思对一切事物都十分感兴趣，不管看到了什么，思思都要问上一句：“妈妈，这是什么？”

这样的问题，思思每天能问好几十个，然后妈妈要不厌其烦地解释上好几十遍。

这天早晨起床后，思思就指着桌子上的酸奶说：“妈妈，酸奶。”妈妈点点头，回应道：“对，那是酸奶，宝贝要喝吗？”

思思开心地点了点头。

等到吃完早饭，妈妈要带思思出去玩儿，拿出护肤品往脸上涂的时候，在一边等待的思思爬上了板凳，站在一旁看妈妈涂抹护肤品。

忽然，思思指着妈妈的脸说道：“妈妈，酸奶，妈妈脸上有酸奶。”

正在涂乳液的妈妈连忙照了照镜子，才发现思思指着的地方是没有抹匀的乳液，并不是什么酸奶，只是乳液的样子看起来跟酸奶一样罢了。

“宝贝，这不是酸奶，是妈妈用的护肤品。你闻闻，是不是味道不一样呢？”

说完，妈妈将乳液放到了思思的鼻子下面，思思的小鼻子一抽一抽地闻了半天，才肯定地点了点头。

到了外面，思思看到天上有一架飞机飞过，便指着天上问妈妈：“妈妈，我怎么看不到飞机的路？”

妈妈听了半天，都没弄明白思思想要看清楚飞机上的什么，思思看妈妈一副不理解的样子，心里很着急，小脚丫用力跺着地面说：“我们有路，飞机的路在哪里？”

妈妈这才明白思思的意思，连忙解释道：“宝贝，飞机没有路，飞机走的是航线，航线会在飞机的电脑上显示出来，飞机就按照电脑的指示飞就好了，不需要路的。”

思思听完，点了点头。等到晚上坐在爸爸肩膀上玩儿“大飞机”的时候，思思就把新学到的词语用上了：“爸爸，你要按照航线走，不要乱走。”

二三岁的孩子进入一个学习词汇的敏感期，他会把自己的认知感觉同语言匹配起来。对于这个时期的孩子而言，他们的认知感觉与匹配能力很强。孩子学习词语，并不是从名称中导出一个概念，而是从概念中导出一个名称。这个过程看似简单，实际上孩子要通过反复练习才能做到。

蒙台梭利曾说：“如果反复进行练习，就会完善儿童的心理感觉过程。”所以，当孩子面对某种认知感觉和语言时，作为父母，应该引导孩子多去练习，让孩子从感觉走向概念，建立从具体到抽象、再到概念之间的联系。

比如：当孩子看到一个很好看的容器，他会反复地摸呀、看呀，这时，父母就应该告诉孩子：“这是瓶子！”让孩子把这个概念同他大脑中的感觉配上对。当父母把瓶子再拿起来让孩子触摸时，孩子感觉到的就是一个很具体的概念。然后，再拿一个印有瓶子图案的广告纸或书，让孩子再看。其实，纸上的瓶子就是一个半具体半抽象的东西，甚至是纯抽象的。这时，如果用语言告诉孩子这是“瓶子”时，它就成为一个抽象的概念。其实，孩子对世界的认识一定是从感觉开始，当他不断地触摸、感觉后，他就会对他所感知的事物进行组织、分类、归纳，然后形成一个概念。

不过，孩子并不是总能够将头脑中形成的概念与现实中的事物正确地匹配起来，比如：思思就以为所有白色的膏体都是酸奶，所以错误地将妈妈的乳液认作是酸奶。这时，我们就要及时纠正孩子的认知，认真提醒一下孩子，然后给孩子一个分辨的时间。

与此同时，一旦发现孩子的感觉认知与语言能够匹配，我们应该及时表扬孩子，而不应该嫌孩子烦。鼓励孩子，给孩子以信任，才能强化孩子的这种正确认知。

孩子说脏话，并非孩子学坏了

孩子进入三四岁后，语言能力就有了十分明显的提升，他们已经可以用完整的语言来表达自己的想法。但与此同时，也有一个十分明显的特点，那就是满嘴“屎尿屁”。唱一首歌，他们也能将歌词拐到“屎尿屁”上去。这个看似不够文明的行为，令很多爸爸妈妈头痛不已。

淘淘 3 岁时的故事

淘淘进入 3 岁以后，妈妈发现淘淘变得“厉害”了。如果妈妈不按照他说的话去做，那么淘淘就会恶狠狠地对妈妈说：“你不听我的话，我要咬死你。”妈妈第一次听到这样的话语时很伤心，她没有想到自己一心一意爱着的孩子，会这么“恨”自己。

于是难过地回答说：“咬死我你就没有妈妈了。”

淘淘小眼睛一翻，随即说道：“那我再从网上买一个新妈妈。”

这一次，妈妈惊得眼珠差点掉在地上，瞬间忘了之前的悲伤，转而被孩子这新奇的想法逗乐了。

“万一你买的新妈妈对你不好怎么办？”妈妈假装担忧地问道。

“嗯……”这显然是淘淘没有想过的问题，他皱着小眉头想了半天，才回答说：“那我不买新妈妈了，还要你当我妈妈。”

说完，淘淘搂住妈妈的脖子，使劲儿在妈妈脸上亲了两口。淘淘似乎忘了之前说过要“咬死妈妈”的话语，但妈妈的心里却像扎进了一根刺，她担心曾经的那个小暖男变成小恶霸。

于是，接下来的日子里，妈妈格外关注淘淘的一言一行。有一次，淘淘自己坐在玩具堆里玩儿，边玩边对手里的机器人说：“你个坏蛋，我要打死你。”

说完，拿起一旁的奥特曼使劲儿砸在了机器人的身上。

还有一次，妈妈带淘淘出门买菜，路上碰到了一只小狗，淘淘便指着小狗说：“你个臭狗。”说完，还对着小狗做起了鬼脸。

这一次妈妈再也忍不住了，一把扳过淘淘的肩膀，严肃地说：“不许这样说话，这样没有礼貌。”

看着妈妈一脸严肃的样子，淘淘吓得眼泪直在眼里打转转，许久才问道：“妈妈，什么是礼貌？”

看着淘淘委屈的样子，妈妈又陷入了迷茫中，或许孩子还小没有分辨是非的能力，自己是否太过于严肃了呢？但如果不加以管教，孩子养成了这种说脏话的习惯怎么办呢？

孩子到了三四岁的时候，他们会发现什么样的语言比较具有力量，这种语言会让别人听他们的话，可以成功地吓唬到别人，可能会让人哭鼻子，还可能会让人火冒三丈。这些语言被统称为“诅咒性”语言，也就是我们日常理解的“脏话”，或是说骂人的话。

很多家长在这个时候，会觉得孩子小小年纪就学坏了，但实际上，孩子只是进入了讲粗话或是诅咒的敏感期，他们只是对充满力量的话语很感兴趣，想要试一试“脏话”的威力罢了。甚至在孩子们的心中，他们根本不知道这句话的真正含义是什么，只是听到了别人这样说，他们有样学样罢了。

因此，我们不必感到惊慌，也不必强行制止孩子的“恶劣”行为，更不能因此威胁孩子，如果他们再说“脏话”就要如何如何去惩罚他们，以上种种做法只会起到适得其反的效果。很多孩子越来越多地使用“脏话”，很大程度上，是在这个敏感期内家长的反应太过于激烈造成的。

那么，面对孩子说脏话的行为，我们该怎么去应对呢？

很简单，置之不理，继续做手上的事情，像没有听到一样，不去理会他们说的话。这样孩子就会觉得自己说的这句话，没有达到预期的效果，那么下一次他就会思考还要不要这样说。

有能力的家长，还可以通过转移孩子注意力的方式，帮助孩子度过“诅咒语言敏感期”。比如：

孩子说：“我要打死你！”

妈妈说：“那我可能没办法陪你玩儿了。”

通常这个时候，孩子的注意力就会转移了，他们都是很在意自己的爸爸妈妈的。

对于一些思维比较活跃的孩子而言，可能会再次语出惊人，就像是案例中的淘淘一样。这时候，我们就可以趁机教育一下他们。

比如回答：“警察叔叔不允许买卖人口哦。不管是卖大人，还是卖小孩儿，警察叔叔都会把他抓起来的。”

如果成功地引起孩子的注意，那么就可以趁机给孩子讲一下如何防止自己被拐卖的知识。

如果实在找不到合适的教育契机，那么陪着孩子一顿瞎扯，也是不错的办法，因为话题扯着扯着就扯远了，孩子很快就会忘记他们曾经说过的话。

最后，如果孩子在语言敏感期内，对“脏话”和“诅咒”的话语异常敏感，那作为家长，我们就要反思一下自己的日常行为，在生活中是不是也经常这样说话呢，甚至也经常用这样的语言去吓唬孩子呢？

思思 3 岁时的故事

“妈妈，妈妈！”独自坐在小马桶上大解的思思忽然大声地呼喊妈妈。妈妈连忙从隔壁房间来到她身边，温柔地问：“怎么了宝贝，要妈妈帮忙擦屁屁吗？”

思思摇摇头，做出一副神秘的样子，好像发现了什么了不得的事情一般，引着妈妈看向小马桶。妈妈以为思思的大便出现了异常现象，一脸担忧地看过去，发现并没有什么特殊。正一脸疑惑呢，思思在一旁激动地说：“妈妈，你看我的便便像不像一只蜗牛？”

说完，小手指头还兴奋地在便便的上方比画着。妈妈仔细一看，果真挺像，瞬间觉得思思很有想象力，于是顺口鼓励道：“宝贝真棒！可以拉出蜗牛形状的便便。”

妈妈的肯定好像给了思思鼓励一般，她开始热衷于观察自己每天拉出了什么形状的便便。不但如此，平时说话时，思思的话语里也总是离不开“屎尿屁”这样的字眼。

有一天，妈妈和思思一起唱幼儿园学到的歌曲：“太阳当空照，花儿对我笑……”前两句还唱得好好的，后面两句就变了味，变成了“小鸟说屁屁屁，你为什么背上屎粑粑……”唱完，思思还一脸得意地看着妈妈，等着妈妈的表扬。

看着穿着公主裙、扎着蝴蝶结的思思，妈妈露出了哭笑不得的表情。后来，思思妈妈还发现，喜欢说“屎尿屁”的孩子，不只思思一个，小区里经常和思思一起玩的同龄小姑娘，也一样喜欢说这类的话语。有时候两个孩子聚到一起，一说到“屎尿屁”的话题，就兴奋不已，笑作一团。

对此，思思妈妈十分不理解，这些重口味的词语，就这么有趣吗？

弗洛伊德将人的性心理发展分为五个阶段：1 岁前为口欲期，1~3 岁为肛欲期，4~6 岁为俄狄浦斯期，7~12 岁为潜伏期，13~18 岁为生殖器期。

3~6 岁的孩子，在经过肛欲期后，体会到了排泄带给他们的快感，与此同时，他们的语言能力也进入了飞速发展的阶段。好巧不巧，两个阶段的“相逢”，让孩子们对“屎尿屁”的钟爱程度也达到了新的高度。对于这些“污言秽语”的使用，他们可以说是无师自通、异常狂热。

面对时不时蹦出来的“污言秽语”，家长们大多有两种做法：一种是板起脸来将孩子教训一顿，不许他们将这些词语挂在嘴边；另一种则恰恰相反，他们会觉得孩子的话语很有趣，于是干脆跟着孩子一起起哄瞎乐。

以上两种，无论哪一种，都不是对待这个敏感期的正确方式。我们既不能制止，也不能认可，而是要分情况去对待。

通常，孩子满嘴“屎尿屁”是因为他们觉得有趣，或是单纯地模仿大人。这个时候，我们一方面可以对孩子的“脏话”采取置之不理的态度，时间久了，当孩子发现这些话不足以吸引大人的关注时，就会自觉没趣不说了。

另一方面要检测自己平时的语言，是不是也会有意无意地说出“放屁”“跟屎一样”这样的话语。家长说得少或是不说，孩子就没有了“学习”的渠道。过了这段敏感期，自然就不会再这样说了。

最后，在这个敏感期，我们可以陪孩子做一些有意义的事情，比如：给孩子讲一讲关于“屎尿屁”内容的绘本，趁着孩子正在感兴趣的阶段，让孩子对“屎尿屁”有更深入一层的了解。

其中，《谁嗯嗯在我头上》《憋不住了，憋不住了》《所有人都要嗯嗯》《有味道的书》等绘本，都是很不错的选择。

到了语言“高级模仿”期，秒变“学舌的小鹦鹉”

三四岁时，孩子就进入了语言“高级”重读的阶段。这个时期，他们会对句子表现出极大的兴趣，并且喜欢模仿别人说话，或是重复别人的话语，就像是一只学舌的小鹦鹉。

淘淘 3 岁时的故事

妈妈：“淘淘赶紧吃饭，要不然饭就凉了。”

淘淘：“淘淘赶紧吃饭，要不然饭就凉了。”

虽然嘴上这样说着，但是人却坐在餐椅上一动不动。

妈妈：“给，拿着勺子吃吧。”

淘淘：“给，拿着勺子吃吧。”

可是，小手却没有伸出来。

妈妈觉得淘淘又在淘气了，于是故作生气的样子，说：“淘淘不听话，妈妈生气了。”

淘淘看到妈妈板起了脸孔，终于笑嘻嘻地拿起了桌子上的勺子。

晚上睡觉前，淘淘又开始“鹦鹉学舌”了。

妈妈：“淘淘，快躺下睡觉，不要在床上跑了。”

淘淘一边在床上转着圈圈跑，一边说：“淘淘，快躺下睡觉，不要在床上跑了。”

不管妈妈说什么，淘淘总要重复上一遍，好像他听懂了妈妈的话，但就是不按妈妈说的去做。妈妈正打算故技重施，假装生气来吓唬淘淘，忽然灵机一动，转而念起诗来：“白日依山尽，黄河入海流。”

妈妈以为这一次，淘淘一定会跟着一起念诗，这样淘淘在“鹦鹉学舌”的过程中，不知不觉就学会了古诗。

结果这一次淘淘却不学了，而是睁着一双迷茫的双眼问道：“妈妈，什么是‘白日依山尽’？‘黄河入海流’又是什么意思？”

是呀，不知道是什么意思，怎么会学呢？于是淘淘妈妈就把这首诗的意思讲给了淘淘，淘淘听得似懂非懂。但是这之后，妈妈念一句诗，他就跟着学一句诗。

就这样跟着念了一个星期后，不用妈妈说，淘淘自己就可以完整地将这首诗念出来了。

3 岁左右的孩子，就像是一个“学舌的小鹦鹉”，喜欢学习大人说的话。如果他们能够将大人的话完整地复述出来，就会露出

“胜利”的笑容。而这个笑容在大人看来，更像是一种不听话的“挑衅”行为。但实际上，真的是家长想多了。

谁有进步会不开心呢？孩子也是一样，他们为自己能够说出一串长长的句子而感到骄傲。而他们学习说句子最直接的途径，就是模仿大人说的话，尤其是那些他们能够理解，并觉得有“力量”的话。但孩子的注意力是有限的，在“学舌”的过程中，很容易将注意力就集中在学话上面，却忽略了大人让他们做的事情到底是什么。

因此，当孩子像只小鹦鹉一样学我们说话时，不要认为这是孩子不听话的表现，从而用严厉的语言去批评孩子，或是禁止孩子学说话的这种行为。这样一方面会打击孩子学习的积极性，影响孩子在语言敏感期的发展；另一方面也会“刺激”到孩子，让他们觉得自己的行为可以引起大人强烈反应，让他们忍不住一试再试。

此时，我们可以像淘淘妈妈那样，利用孩子的这段敏感期，引导孩子读一读古诗词，或是说一些优美的句子。需要注意的是，此时孩子的记忆能力是通过“重复”来记忆的，所以一旦选择了某首古诗，就要连续几天坚持念这一首，等这一首完全会背了，再换下一首。坚持一段时间，说不定“学舌的小鹦鹉”就变成满腹经纶的“小诗人”了。

晨晨 3 岁时的故事

在2岁以前，晨晨和其他的小孩儿并没有什么不同，会叫“爸爸”“妈妈”，也会用一些简单的词语表达自己的意思，只是和其他孩子相比，话语少得可怜。晨晨妈妈以为孩子只是内向，并没有当回事。

当晨晨3岁时，晨晨妈妈才觉察到孩子的“与众不同”之处。那就是别的孩子基本上可以用句子表达意思时，晨晨依旧只会说几个词语，虽然可以听懂大人的话，但基本上不怎么与人交流。此时，晨晨妈妈开始怀疑，晨晨是不是语言功能出现了障碍，甚至会不会是孤独症。

在这样的担忧之下，晨晨妈妈带着孩子到了医院，经过了各项检测后，医生得出的结论是，孩子一切发育正常，唯独语言功能发育迟缓。医生建议晨晨妈妈回家后，多跟孩子交流，多给孩子讲故事。

医生一语点醒梦中人。这时，晨晨妈妈才知道，孩子语言功能发育迟缓，跟自己脱不了干系。原来，晨晨爸爸常年在外地工作，家中又没有老人帮忙照看孩子，晨晨妈妈一个人带着孩子生活，经常是晨晨自己在婴儿车里玩耍，晨晨妈妈做着忙不完的家务，基本很少跟孩子交流。就这样，在晨晨模仿大人说话的重要阶段，缺少了可以模仿的对象，也因此导致了自身语言系统发育缓慢。

3 岁以前，是孩子语言能力初步形成的时期。1 岁以内，孩子通过自身听觉系统感受周围的语言信息，虽然他们不会用语言来表达，但是他们会将自己听到的内容积累在大脑之中，并有意识地去模仿大人的语言。

经过长期的积累后，2 岁的孩子就进入了有意识去表达的阶段。随着孩子掌握的词汇量越来越丰富，孩子的表达能力也会越来越强。到了 3 岁，孩子基本上就已经能够和大人进行比较轻松的日常交流了。

但如果孩子在积累和模仿的阶段，缺少积累和模仿的对象，那么在这一敏感期内，他们的学习能力就无法得到有效的刺激，从而影响后续的语言发展。

因此，在孩子出生后，大人就要尝试着与孩子沟通，不要觉得孩子听不懂，就不与孩子交流。如果孩子到了 3 岁，依旧无法与大人进行简单的交流，家长首先要通过医疗手段排除孩子是否存在生理或是心理问题。然后反思一下，在过去的育儿岁月里，是否忽略了与孩子交流的重要性。如果是，那么现在开始还不算晚。

妞妞 3 岁时的故事

一天晚上睡觉前，妞妞和妈妈一起认手指头。

妈妈握着妞妞的小手，一个手指头一个手指头地说道："这是大拇指，这是食指，这是中指，这是无名指，这是小拇指。"

妈妈说完，妞妞也掰着自己的小指头，重复了一遍，跟妈妈教的内容分毫不差。在得到妈妈的表扬后，妞妞问道："这个为什么叫大拇指？"

于是，妈妈耐心地把每一个指头的名称来历都解释了一遍，

妞妞听得很认真，妈妈解释完以后，妞妞便不再说话了。妈妈以为妞妞开始准备睡觉了，便轻轻拍着妞妞，帮助她更快地进入睡眠。

这时，妞妞突然问道："妈妈，我的大名叫吴梓萌？"

妈妈回答："对呀。"

"那我的小名叫妞妞？"妞妞又问。

"对呀。"妈妈觉得这两个问题有些奇怪，因为妞妞早就知道自己大名叫什么，小名叫什么了。

"那我的中名叫什么？"妞妞问。

妞妞妈妈没有听清，一脸疑惑地问："什么？"

“那我的中名叫什么？”妞妞又问了一遍。

妈妈依旧没有听明白，满脑子问号地看着妞妞，说：“宝贝，你慢点说，妈妈没听懂。”

于是妞妞把问题又问了一遍，这一次，妞妞特意放慢了语速，一个字一个字地说。

妞妞妈妈好像每一个字都明白，但是合起来却不知道是什么意思。

妞妞见妈妈还是没有回答她的问题，有些着急了，声音也急促了起来。妞妞妈妈因为听不懂妞妞的问题，也很着急。于是开始瞎猜起来，但是又猜不到正确的“答案”。妞妞越听越生气，眼看着就要急哭了。

忽然妞妞灵机一动，她伸出了小手，对妈妈说：“你说中指叫无名指，我想知道我的中名叫什么？”

这一下，妈妈彻底明白了妞妞的意思。可是，人都会起大名，有小名，谁会起个“中名”呢？本着不想糊弄孩子的原则，妞妞妈妈诚实地说：“宝贝，爸爸妈妈在给你起名字的时候，没有给你起中名。”

“那你赶紧跟爸爸给我起一个。”妈妈听懂了妞妞的意思后，妞妞的情绪也稳定了下来。

“好，明天就起。”妞妞妈妈无奈地答应道。

孩子 2 岁时，只能用词语和短语来表达自己的意思，而 3 岁时，已经能够用较长的句子来表达想法了，这个时候，他们为自己能够表达清楚而感到骄傲。与此同时，孩子对话语的理解能力也变得更强了，会根据周围人的语言来纠正自己的说话方式。但同时，他们也会根据自己的需求来“创造”一些词语。

因此，有时候大人会听不明白孩子想要表达什么。如果他们表达的句子，大人没有听懂，他们则会感到十分沮丧，严重的还会引发一场“哭闹”。这时候，我们不要觉得孩子无理取闹，要先安抚好孩子的情绪，再给孩子一些时间，让他们自己去思考该如何表达，并对他们最终能够表达出来，给予肯定和鼓励。

没事陪孩子玩玩悄悄话和打电话的游戏

孩子进入 4 岁以后，对语言的把控程度明显提高了一个层次，他们会主动寻求更加贴切的语言来表达内心的情感，也会尝试更多的表达方式，比如：打电话和说悄悄话。这些都是孩子在语言敏感期内十分感兴趣的表达方式。

妞妞 4 岁时的故事

“妈妈，你过来，我有话对你说。”妞妞坐在卧室里，冲着客厅里的妈妈喊道。

妈妈知道，妞妞又想跟妈妈说悄悄话了。进入 4 岁以后，妞妞突然之间就学会了说“悄悄话”，经常将嘴巴贴在妈妈的耳朵上

“嘀嘀咕咕”。让妈妈很无奈的是，她根本听不清妞妞究竟想要说什么，只能感觉到一张小嘴不停地开合着。

然而，当妈妈一脸疑惑地问：“妞妞，你能大点声说吗？”妞妞总是捂着嘴笑着就跑开了，似乎并不在乎妈妈到底有没有听懂。为此，妞妞妈妈琢磨了好几天，终于得出一个结论，也许妞妞看到别人说“悄悄话”了，觉得很有趣，想要学习一下，但是却又不知道真正的“悄悄话”该怎么说。

于是，这一次，妞妞说完了“悄悄话”，一脸期待地看着妈妈的表情时，妞妞妈妈一改从前迷惑的样子，露出一副“我听懂了”的样子。然后冲着妞妞勾了勾手指头，意思是说：“过来，妈妈也有悄悄话对你说。”

妞妞看到妈妈的反应，果然十分激动，连忙爬到了妈妈的面前，主动把小耳朵贴了上来。妈妈附在妞妞的耳边，轻轻地说道：“宝宝，妈妈爱你。”

听到了悄悄话的妞妞，高兴得像只小鸭子般摇头摆尾的，并且迫不及待地想要再说一遍，于是一把抓过妈妈的耳朵，凑上去说：“妈妈，我也爱你。”

只不过，这一次妞妞的“悄悄话”声音有点大了，连坐在客厅里的爸爸都听到了。

儿童 4 岁左右，他们的语言意识明显地发展起来，开始自觉地注意语音。儿童语言意识的形成主要表现在他们能够评价别人的发音特点和能意识到并自觉地调节自己的发音。孩子对“悄悄话”感兴趣，说明他们已经能够感受到声音有大小的特点，并且尝试去调节自己音量的大小。

只是，在最初学习的时候，孩子可能只是从其他小朋友，或是电视中学来，以为悄悄话就是附在别人耳朵上，嘴巴动一动，却不出声。但经过父母的配合，与孩子一起说“悄悄话”，孩子就能够知道“悄悄话”是怎么说出来的了。不过，对于初学“悄悄话”的孩子来说，他们的话可能并不“悄悄”，不过这也没关系，经过练习，他们就可以很好地控制自己说话的音量了。

这期间，只需要家长“配合”孩子，跟孩子一起想象一些场景，然后用“悄悄话”的方式说出来，相信孩子就可以在巨大的快乐当中，提高自己的语言表达能力了。

晨晨 4 岁时的故事

每天晚饭后，晨晨妈妈都会跟晨晨爸爸视频聊天一会儿。爸爸虽然不在身边，但是很关心晨晨，每一次视频聊天都要跟晨晨讲一会儿话。

从一开始只会断断续续地跟爸爸说一些词语，到后来可以用完整的句子跟爸爸交流，晨晨对于“打电话”的热情越来越高涨。起初爸爸发来视频，晨晨总是不愿意接听。现在只要电话一响起，晨晨就会以最快的速度接听电话。

好几次妈妈都没能抢过晨晨，只能任由晨晨拿着电话跑到一边“自说自话”。如果对方是晨晨爸爸的话，爸爸会在电话里陪着晨晨“演戏”，晨晨不断地叫“爸爸”，爸爸就在另一旁不断地答应。有时候晨晨说的句子太长，爸爸听不明白，也会假装回答两句

“是吗”“这样啊”的话语。

但有时候，打来电话的人并不是晨晨爸爸，甚至有时候还会在电话里说一些重要的事情，可是晨晨依旧死死拿着电话不撒手，自己想说什么说什么，根本不顾及电话那边的人说了些什么。有一次，妈妈实在太着急了，满屋子追着晨晨抢电话，可晨晨就是不给妈妈。听着电话那头传来“喂喂”的声音，晨晨妈妈气急了，拉过晨晨，照着晨晨的屁股狠狠拍了两下。

挨了打的晨晨这才乖乖将电话还给妈妈。然而，下一次电话响起时，晨晨就全然忘记了曾经挨打的事情，依旧抢过电话来不松手。有时候妈妈正在电话里跟别人说事情，晨晨小手一伸，就把电话给挂断了。

声音能够从“机器”里面传出来，对于大人而言是见怪不怪的事情，但对于孩子而言，却是十分新奇有趣的事情。尤其是孩子到了三四岁的年龄，语言带给了他们无限的乐趣，他们渴望通过一切形式来展示自己的“语言天分”。因此，继“悄悄话”之后，“打电话”也成了孩子的心头好。

只是，孩子不会关心电话那头是谁，他们只想说自己想说的话，有时候还会因为过于兴奋，而根本不关注对方说了什么。或许在大人看来，这是孩子“捣乱”的行为，但实际上这只是孩子对于语言的探索行为。

如果孩子在这个时候受到了来自父母的责骂，他们会觉得十分委屈。正确的做法是教会孩子如何正确地接打电话，让孩子能够与电话那头的人进行良好的沟通。

可以用家里的一次性纸杯做一个简单的电话，也可以用玩具电话，大人一个，孩子一个，模拟打电话的场景。这个过程中，家长就可以对孩子进行有意识的引导。如：告知孩子在电话接通后，该如何说；如果电话是找爸爸妈妈的，该怎么办；需要挂电话时，该怎么做……

打电话的游戏，不但可以训练孩子的语言表达能力，对孩子以后的交往、沟通能力的提高，也有很大的帮助呢！

孩子没想好怎么说时，不妨等等他们

幼儿时期，是人的一生中词汇量增长最快的时期。据统计，4岁左右，孩子通常就可以掌握1600~2000个词汇。尽管如此，他们在想要表达自己的想法时，也不一定能够迅速并完整地表达出来，因为他们可能在很短的时间内，无法找到与自己想法所匹配的词语。

在这段语言敏感期内，孩子可能会有两种表现，一种是“口吃”，另一种就是“哭泣”。

晨晨5岁时的故事

晨晨4岁的时候，已经能够用完整的句子来表达自己的想法了。晨晨妈妈本以为晨晨以后的表达能力就没有问题了，谁知道到了5岁的时候，晨晨却突然“口吃”起来。

妈妈做饭前问晨晨：“晨晨，你想吃什么饭呀？”

晨晨说：“我……我……我……”

妈妈等了半天，晨晨还在继续“我”，妈妈有些不耐烦了，催促道：“快点说，吃什么呀？妈妈等着做饭呢！”

被妈妈这么一催，晨晨有些着急了，连“我”都说不出来了，只剩下“嗯……嗯……”的声音。

“等你说话真费劲儿，那妈妈就做面条了，好不好？”妈妈说。

晨晨听到妈妈的话，只好点了点头，说：“好吧。”

等妈妈将面条做好了端上饭桌，晨晨却不肯吃，一把推开饭碗，说：“我不想吃面条。”

妈妈一听就生气了，说道：“刚刚问你的时候，你不说，我现在做好了，你又挑三拣四的，简直太不听话了。”

晨晨感到很委屈，撇着嘴巴说：“刚才我没想好，现在想好了，我想吃紫菜卷饭。”

可是妈妈已经做好了面条，便试着说服晨晨吃点面条，下午再做紫菜卷饭。可是晨晨就是不愿意吃，就这样，妈妈也生气，晨晨也不高兴，午饭不欢而散。

孩子到了3~4岁，是“口吃”的常见期。家长们会发现孩子有时说话会断断续续，就像是结巴一样，尤其是遇到了让他们着急的事情，越是着急越是说不出来。对此，很多家长会感到焦虑，害怕孩子成为口吃。

孩子口吃，一部分是生理原因，但更多是心理原因。造成孩子口吃的心理因素有两点：一是孩子说话时过于急躁、紧张或是激动；二是可能在模仿。

当孩子在说话的过程中出现口吃的现象时，父母千万不要嘲笑或是斥责孩子，这样只会加重孩子的心理负担，导致孩子口吃得更加严重。

很多对于我们大人来说十分简单的事情，但对孩子而言却是一个挑战。我们能够随时想起来的词语，对于孩子而言，可能需要在头脑中回想一下才能想起。这时，我们要放低对孩子的要求，说不上来就说不上来，给孩子一个安慰的笑容，渐渐你会发现，孩子的口吃在不知不觉中就消失了。

因此，这个时期，孩子出现的口吃现象是不需要治疗的。但如果孩子的口吃状况频繁，甚至一直延续下去，那就需要借助医疗手段进行专业的治疗。

思思 4 岁时的故事

思思是一个不太爱表达自己的孩子，但是一直以来说话都是吐字清晰。随着思思所掌握的词汇量越来越多，思思能够表达的意思也越来越丰富了。这本是让人开心的事情，但是思思妈妈却发现，4 岁多的思思，总是出现结巴的现象。

这天晚上，妈妈边讲故事，边哄思思睡觉，忽然思思从床上坐了起来，说："妈妈，那个……那个……明天……明天……"

"明天"了好多遍，思思也没有说出明天到底怎么回事。思思妈妈听得很着急，想要教训思思："好好说话，不要结巴。"转念一想，思思本就性格内向，要是再批评她，说不定就结巴得更厉害了。

于是思思妈妈调整了自己的情绪，柔声说道："宝贝，别着急，慢慢说，明天怎么了呀？是不是跟上幼儿园有关呀？"

妈妈这样一问，思思似乎想起了什么，于是后面的话也一股脑都跑了出来："老师让带上水壶，老师说要带我们去公园玩儿。"

“哦，妈妈知道了，一定给你带上。”思思妈妈回答说。

思思听了，满意地躺下了，一会儿就闭上眼睛睡着了。

随着语言能力的提升与发展，孩子渴望通过更好的语言来表达自己内心的想法，找不到更好的表达方式时，就出现了口吃的现象。虽然嘴上说不出来，但他们的大脑却在飞速地运转着，寻找着更合适的语言来表达自己的想法。

这个时候，家长要给予孩子足够的耐心，等待他们慢慢说，孩子越是着急，家长就越不能着急。一方面要安抚孩子的情绪，让他们放松下来；另一方面可以猜测一下，孩子究竟想要表达什么，或许经过家长的提示，孩子一下子就能想到怎么说了。

想要孩子好好说话，那家长首先要为孩子创造宽松愉快的说话气氛，并且在孩子模仿他人“口吃”时，要及时进行阻止。另外，父母们不要认为孩子“口吃”是很有趣的事情，刻意模仿孩子说话的样子，这样的话，说不定假口吃就会变成真口吃。

琪琪 5 岁时的故事

琪琪是一个十分开朗活泼的小孩儿，用琪琪妈妈的话来说，琪琪是这个世界上最好带的小孩儿。但是到了 5 岁的时候，琪琪却变成了一个“爱哭鬼”，以至于妈妈总是批评琪琪“越大越没出息”，小时候都不爱哭，长大了却总是哭鼻子。

这天，妈妈带着琪琪到超市买东西，路过一家玩具店时，琪琪想要进去转转，但是妈妈却说：“我们是来采购生活用品的，不是来买玩具的，所以不能去玩具店。”

听了妈妈的话，琪琪便听话地跟着妈妈进了超市。从超市出来以后，妈妈忽然想起自己的护肤品不多了，便顺便进了一家化妆品店，在里面逛了很久，选了一套化妆品付了钱。出来以后，妈妈便发现琪琪不对劲儿了，扁着嘴巴，眼泪就在眼眶里打转转。

妈妈很纳闷，连忙问：“琪琪，你怎么了？”

但是琪琪小脑袋立刻扭向了一侧，摆出了不想搭理妈妈的样子。

“琪琪，妈妈跟你说话呢，你这样太没有礼貌了。”妈妈教训琪琪道。

妈妈的话音刚落，琪琪便“哇”地一声哭了出来，哭得十分伤心和委屈，任凭妈妈怎么问，琪琪就是哭，一直哭到了家里。

爸爸看到哭成了“小花猫”的琪琪，心疼地问：“宝贝，怎么了？谁欺负你了？”

爸爸的话把琪琪好不容易憋回去的眼泪又引了出来，她边哭边指向妈妈说：“妈妈不听话。她说去逛超市买生活用品，不买别的东西，但是她却买了化妆品。”

琪琪的话让妈妈哭笑不得，连忙解释自己是因为化妆品要用完了。

妈妈的解释让琪琪哭得更厉害了，说：“我的佩琪车子也坏了，你却不让我进玩具店买个新的。”

这一下，妈妈终于弄明白了琪琪为什么生气和哭泣了。原来，在孩子眼泪的背后，还藏着这么多小心思，想起自己曾经因为琪琪“无缘无故”哭泣便训斥琪琪的场面，妈妈感到很内疚。

在孩子很小的时候，他无法用语言来表达自己，就会用哭泣来吸引大人的注意。大人们也正是因为了解了这一点，所以当孩子已经可以用语言来表达自己，却依旧选择哭泣时，大人们就会理所当然地认为，孩子是在“无理取闹”，不过就是为了吸引大人的注意罢了。

实际上并非如此。在孩子学习语言的敏感期内，他们不但要积累词语，学会语言表达，还要学会一些逻辑思维方式。当遇到问题，他们无法用很好的逻辑来解释自己的内心想法时，哭泣就成了唯一的选择。

就像上文中的琪琪一样，她的玩具坏了，想要买新的，但是妈妈说不是来买玩具的，她就只能接受这个事实。但当妈妈买了生活用品以外的东西时，她觉得妈妈能买，自己却不能买，便感到很委屈，也很生气。这种不良的情绪也会影响到她的思维能力，所以当妈妈询问她时，她一时说不清楚，内心的委屈便变成了眼泪喷涌而出。

面对这种情况，家长首先不要因为孩子表现不好就批评孩子，那样只会令孩子不好的情绪雪上加霜。应该安抚孩子的情绪，引导孩子用语言来表达他们的想法，告诉孩子："哭泣并不能解决你此刻的问题，你只有告诉妈妈或是爸爸，我们才能知道你想干什么，才能帮你解决问题。"

孩子的哭泣会让大人心疼，也会让大人感到生气烦躁，但无论什么情绪，我们都要保持理智，正确地引导孩子用语言交流。

第二章

0~4 岁，捕捉儿童的秩序敏感期

著名的儿童教育家蒙台梭利在《童年的秘密》一书中提到，孩子 0~4 岁这一时期是对秩序最敏感的时期，因为他需要一个有秩序的环境来帮助他认识事物、熟悉环境。

在这期间，他们对外在事物的秩序化有着强烈的欲望，具体表现为对物品摆放的位置、动作发生的顺序、人物的呈现状态、东西的所有权等，都有着十分严格的“要求”。如果没有达到他们的要求，他们就会感到不安、焦虑，甚至会表现出极端的激烈反应。所以，孩子经常任性、发脾气往往是处于“秩序敏感期”。

到了 4 岁左右，孩子就会进入追求秩序完美的关键期，具体表现为对待事物的要求总是近乎苛刻的完美。到了 5 岁左右，孩子对秩序关系的感受变得越来越明确，会对秩序美感特别关注。因此，这一阶段也可称为审美的敏感期。

虽然在这一时期，孩子的一些行为会让我们觉得不可理喻，却是我们培养孩子养成良好生活习惯的好机会。

家里每样东西，都有“主人”和“位置”

孩子2岁以后，家长们会发现，家里忽然多了一个“纪律委员”，这个“纪律委员”十分好管“闲事”，吃饭时必须坐在固定的位置上，拖鞋只能自己穿自己的，甚至连父母穿什么衣服都要管一管……

晨晨2岁时的故事

晨晨妈妈有一件黑白条纹的上衣，因为宽松透气，晨晨妈妈非常喜欢穿这件衣服，几乎每天一回家就会换上这件衣服。穿得久了，衣服有些旧了，晨晨妈妈就买了一件新的。结果没有想到，新衣服遭到了晨晨的抵触。

那天，晨晨妈妈一回家就换上了新买的衣服。晨晨看到了，一脸不高兴的样子，两只小手揪着妈妈的新衣服，就想要帮妈妈把衣服脱下来。妈妈以为晨晨看到她穿新衣服了，自己也想穿新衣服，便笑着对晨晨说：“晨晨是不是也想穿新衣服了，妈妈明天也给你买一件去。”

然后晨晨妈妈就去做饭了。晨晨则独自一人走到了卧室，不一会儿，他手里拿着妈妈那件黑白条纹的衣服走了出来。

“穿，穿。”晨晨费力地将衣服举到妈妈眼前。

晨晨妈妈这才明白过来，晨晨不是想穿新衣服了，他是想让妈妈穿上原来的衣服。

晨晨的行为让妈妈哭笑不得，“宝贝呀，妈妈这件衣服坏了，不能穿了，所以妈妈买了新衣服，以后就穿这件新衣服了，好不好呀？”

“不，不，穿，穿。”晨晨一边摇头，一边拽着妈妈的新衣服，想要把新衣服从妈妈身上拽下来。

眼看着新买的衣服被扯到变了形，晨晨妈妈有些生气了。“妈妈都说过了这件衣服已经坏了，不能穿了，你听话哦，妈妈要做饭了。”

说完，妈妈将晨晨赶出了厨房，任由晨晨一人坐在厨房外哭泣。妈妈以为第二天晨晨会忘记这件事，可是第二天，晨晨又再次要求妈妈穿上旧衣服，不然就哭闹不止。无奈之下，晨晨妈妈又穿回了旧衣服。

孩子在秩序敏感期内，非常喜欢做的一件事就是给家里的每个物品找“主人”，会将家里每个人的手机准确无误地放到每个人的手中，也会记住每双拖鞋都是谁在穿。可以说，家里的每样东西都在孩子的心中形成了一定的秩序，当他发现“物品”和“主人”之间不匹配时，他们就会致力于去恢复这种秩序。

在晨晨眼中，妈妈几乎每天都穿着那一件衣服，妈妈是旧衣服的“主人”，而他没有见过的新衣服不是妈妈的，所以他便不允许妈妈穿。妈妈每天穿什么衣服已经在孩子心中形成了“秩序”，所以，当这种“秩序”被打乱时，他就会想着如何恢复，一旦无法恢复，他们就会以哭闹这种方式“无理取闹”。这在孩子的秩序敏感期内是很正常的表现。

对大人来说，鞋子今天要不要放到鞋柜里，是件小到不能再小的事情，但对处于秩序敏感期的孩子来说，就是一件大事了。对此，我们不要用强硬的手段去逼迫孩子接受大人的想法，相反，我们要保护孩子内心的这种“秩序感”，并且可以尝试着在这期间，引导孩子学会“不要随便拿别人东西”这个道理。这样即便过了秩序敏感期，孩子也能养成“不是自己东西，不能随便拿走”的好习惯。

妞妞 2 岁时的故事

孩子在成长过程中，每天都能给父母带来不一样的惊喜。妞妞进入 2 岁以后，妈妈发现妞妞懂事很多，会主动帮妈妈分担家务了，就是有时候过于“较真”，让妈妈有些头疼。

以前妞妞脱下鞋后，妈妈都会把妞妞的鞋子放到鞋柜里。有一天，妈妈只是将脱下来的鞋子放到了门口，没有放到鞋柜里。妞妞见了，连忙自己起身将鞋子放进了鞋柜里，还将妈妈脱下的鞋子也放进了鞋柜里。

妈妈见状，直夸妞妞长大了，可以帮妈妈的忙了。妈妈的夸奖让妞妞很开心。

还有一次，妈妈做好了饭，妞妞帮忙把饭碗摆好。等到大家都落座时，爸爸坐到了妈妈平时坐的地方，妞妞便哭了起来，边哭边说：“爸爸起来，爸爸起来。”

爸爸吓了一跳，以为妞妞不让他吃饭呢，连忙像个犯错的孩子一般站了起来。见爸爸离开了座位，妞妞才停止了哭泣，然后指着另外一边的座位，说：“爸爸，坐。”

爸爸听话地换了位置，妞妞才心满意足地开始吃饭。

后来这样的事情又发生了很多次。比如：妈妈需要用爸爸的手机，但是妞妞却死活不让妈妈用，说“那是爸爸的手机”。

爸爸妈妈虽然感到很无奈，但是“大人不计小人过”，通常都会按照妞妞的“指示”去做事。妈妈本以为这是妞妞的性格使然，小小年纪就爱做家务，好管闲事。结果没想到，这样的情况并没有维持多久，妞妞就不再管鞋子是不是被放进了鞋柜了，也不再管吃饭时，每个人坐的位置对不对了。

在秩序敏感期，孩子除会给家里的每样东西找“主人”外，还会“固执”地认为，每样东西都应该待在固定的位置上，比如：鞋子就要放在鞋架上，吃饭就应该在饭桌上，苹果就必须切开吃，等等。

因为在孩子看来，他们周围的一切，是一个彼此相连的整体，已经在他们的头脑中形成了烙印，只有周围的一切都维持着他们熟悉的样子，他们才会有安全感。所以，当某些物品的位置出现“错位”时，他们就会感到恐慌，这种恐慌促使他们去将物品“归位”。

每一个孩子的心里天生就有一种秩序感。正如蒙台梭利所言：“孩子对秩序是极其敏感的，秩序是孩子对生命的一种要求。”如果我们留心观察，会发现其实孩子在三四个月的时候，他们就已经形成了秩序感。比如：妈妈总是在哄孩子睡觉时，给孩子哼唱儿歌，如果有一天，妈妈没有哼唱儿歌，那么孩子可能就会出现不愿意睡觉，甚至哭闹的现象。有的孩子还会模仿妈妈哼唱的音调，以此来提醒妈妈。

虽然这一时期，孩子的有些行为在我们看来十分固执，甚至有些无理取闹，但是我们也不要因此去批评或是否定孩子，顺着孩子的意思去做就好。对于大部分孩子而言，这个时期很快就会过去。

我们可以利用这个机会培养孩子生活的好习惯，比如：将拿出来的玩具放回到玩具箱里，回家后把自己的衣服鞋子脱下来放到衣架或是鞋架上，或吃饭前帮忙摆放饭碗和桌椅。一旦这些好习惯形成了，可是会为我们省下不少时间和精力呢！

顺序感很强烈，顺序不对就得重来

儿童在秩序敏感期内，他们对秩序有着强烈的要求。因为，他们需要一个有序的环境来帮助他们认识事物、熟悉周围的一切。蒙台梭利认为。如果父母未能提供一个有序的环境给孩子，那么孩子便无法建立起对各种关系的知觉。相反，孩子则能够从环境里逐步建立起内在秩序，智能也因而逐步建构。

同时，这也是培养孩子良好行为习惯的好时期，会对孩子今后的习惯养成产生极大的促进作用。

淘淘 3 岁时的故事

最近，淘淘对家里的门铃产生了极大的兴趣，他觉得叮咚一声后，妈妈打开门，门后就会出现一个人，这件事情简直太有趣了。

在观察了几次之后，淘淘决定自己试一试。一旦门铃响了，他就会飞快放下正在进行的事情，三步并作两步跑到门口去开门。淘淘妈妈知道这是淘淘的模仿和探索行为，所以也很乐意让淘淘去做这件事情，这段时间里，只要有人按门铃，妈妈都会喊："淘淘，快去开门。"

后来有一天，在淘淘拉便便的时候，门铃响了，淘淘听到了很着急，一边说：“妈妈，我去开。”一边使劲地想要将肚子里的便便赶紧拉完。妈妈考虑到淘淘此时不太方便去开门，于是便把淘淘的话置于脑后，将门打开了，是奶奶来看淘淘了。

淘淘看到妈妈开了门，便“哇哇”大哭起来。屁屁也不让擦，就推着奶奶往外走。奶奶一脸问号，以为淘淘不愿意让她进来。淘淘妈妈连忙在一旁解释，淘淘只是想开门而已。于是奶奶只好出去，重新按了一次门铃，让淘淘过了开门的“瘾”。

还有一次，爸爸回来时，没有按门铃，而是拿着钥匙直接进了门。淘淘看到爸爸不按门铃就进来了，便使劲儿将爸爸推出了门，一边推还一边说：“爸爸没有按门铃，不能进门。”爸爸只好再次出去，按了门铃，让淘淘开门。

这样的事情，一次两次妈妈还可以接受，但是淘淘三番五次将别人赶出门去，妈妈觉得这样的行为太不礼貌了。而且妈妈发现，在家人的“纵容”下，淘淘越来越“不讲理”了。每天睡觉前，必须由淘淘关灯，如果妈妈关了灯，那就必须打开灯重新关。

可是，当妈妈试图去改变淘淘这个行为时，总是会以淘淘的哭闹，妈妈的妥协收场。淘淘妈妈感叹道：“孩子越大越不好管了。”

蒙台梭利曾经指出，孩子的心灵就是一个神秘的深渊，照料他的成人并不了解它。

因此，不是孩子越大越不好管了，而是我们没有了解孩子行为背后的真相。当孩子处在秩序敏感期时，就会对一些事情如此“固执”。当他们觉得一件事做得“不对”时，就会想要重新来，然后按照“对”的方式再做一遍。

起初妈妈让淘淘开门，在淘淘的内心，开门是他的“职责”，除了他以外的任何人开门，那都是“不对”的，只有他开门才是“对”的。诚然，这种把进门的人再赶出去的行为不礼貌，但是如果我们破坏了孩子的这种秩序，或是有意地用强硬的措施打乱了孩子的这种秩序，那对孩子在秩序敏感期内的成长会产生巨大的伤害。

对此，当我们发现孩子表现出“秩序感”时，要尽量配合孩子去完成这些事情，以维护他们心中的“秩序”。说好了让孩子关灯，那么大人就不要代劳。说好了让孩子开门，那么大人就不要抢着去开。另外，“重复”是孩子建立秩序感的最重要的方法之一，也是孩子感知周围环境的重要方法之一。因此，我们要乐于陪孩子玩这些“重复”游戏，帮助他们体验秩序带来的无比快乐。

这样，孩子这段敏感期会很快就过去。

思思2岁时的故事

思思很小的时候，妈妈就比较注重培养思思的生活习惯。

比如：每天晚上睡觉前，都是先洗澡，再按摩，然后讲故事，接着喝奶，喝完奶漱口，最后睡觉。

思思也乖，每次做完一件事情，就知道下一件事情该做什么。只要洗完澡，就不会再下地玩耍；只要妈妈给她做完按摩，她就乖乖躺在床上，等着妈妈给讲故事；故事讲完后，思思就会抱着奶瓶，边喝边培养睡意；漱完口后，思思就自己闭着眼睛开始睡觉了。

思思妈妈对此感到很骄傲，每当其他妈妈抱怨自己的孩子不好好睡觉时，思思妈妈总是将自己的这套教育经验拿出来分享。

但是思思妈妈怎么也没有想到，有一天事情也会坏在这些“好习惯”上。

那天，思思晚饭吃得比较少，还没到睡觉的点儿，就喊“肚子饿”了。妈妈怕思思晚上吃得多不好消化，便建议思思喝点奶。思思也点头同意了，于是一瓶奶很快进了肚子。

到了晚上睡觉时，妈妈讲完了故事，便开始拍着思思睡觉。思思却怎么也不肯睡，妈妈问她为什么不睡觉，思思回答：“我还没有喝奶呢！”

“你喝过了呀？吃过晚饭没多一会儿喝的呀。”思思妈妈提醒道，毕竟思思的小肚子还是圆滚滚的，再喝一瓶奶，怕会消化不良。

但是思思却偏说“没有喝”，思思妈妈第一反应是，思思学会说谎了，明明前面已经喝过奶了，此时却非说自己没有喝。在妈妈看来，多喝一瓶奶没有什么，但是说谎却是不好的行为。

于是妈妈开始苦口婆心地劝说思思，告诉她已经喝过了，小孩子不能说谎。思思呢，因为表达能力有限，不懂得如何让妈妈知道自己的想法，情急之下，“哇哇”哭了起来。

虽然最后妈妈还是给思思喝了奶，思思喝完奶乖乖睡了觉，但是妈妈却有了一种“挫败感”，开始怀疑，自己一直以来信奉的教育方式是不是错了呢？

如果留心观察，我们会发现处在秩序敏感期的孩子，对之前养成的习惯会特别固执，比如之前早晨起床之后，家长会先给孩子穿衣服、洗脸、刷牙、吃饭。如果家长把孩子的这种习惯给打破，比如先给孩子刷牙再洗脸，可能家长没觉得有什么，但是对于孩子来说是绝对不可以的。

对于思思而言，每天睡觉前活动的顺序已经成为一种习惯，如果睡前不喝奶，就打破了原有的活动顺序，这会让她感到不安，不知道接下来的事情该怎么去做。而作为家长，如果不了解孩子秩序敏感期的特点，就会觉得孩子不听话，太固执，从而致力于去改变孩子这种行为。如果我们此时对孩子施与批评和打骂，那就等于在摧残和破坏孩子的秩序敏感期。

最好的做法，就是按照原有的顺序，陪孩子重新来一遍。不必担心这样会惯坏了孩子，或者害怕孩子成为一个“死板固执”的人，因为这些都是短暂的。孩子在幼儿时期，世界是以不变的秩序与程序存在的，随着年龄的增长，各种认知都在不停地刷新，孩子的思维也会随之改变，他们会渐渐意识到事物的形式也是千变万化的，最初那种“不变”的思维便会从他们的大脑中抽离出来。

喜欢重复和排队，并乐此不疲

喜欢重复做一件事，也是孩子在秩序敏感期内非常突出的一种表现。很多在大人看来十分无聊的行为，在孩子眼中却是十分有趣的事情，让他们感到乐此不疲。

思思 3 岁时的故事

3岁的思思已经能够自己玩耍了，没有大人陪伴的时候，思思可以一个人玩儿很久。

有一次，妈妈很好奇思思一个人会做些什么，便偷偷来到思思身后，发现思思又在玩儿“排队”的游戏——一群小猫排排坐。思思最近一段时间，很喜欢玩儿“排队”的游戏，不但喜欢给玩具排队，家里的其他东西，也总是会被她拿来排排位置。

发现妈妈站在自己身后，思思得意地对妈妈说：“妈妈，你看我的小猫排好队了，它们可以去洗手吃饭了。”

思思妈妈也正做好了饭，于是便顺着思思说道：“小猫要去吃饭了，思思也该去洗手吃饭了。”思思听了妈妈的话，立刻起身去洗手了。

妈妈以为思思去吃饭了，玩具就不玩儿了，于是顺手将地上的小猫收到了玩具箱里，以免一会儿思思跑来跑去时不小心踩到。

刚刚收拾好，思思就洗手回来了，她想看看自己的小猫们有没有洗完手，结果却发现妈妈将她辛苦排好队的小猫全部都装了起来，顿时伤心不已，生气地说：“我的小猫呢！我还要玩儿呢！”

思思边说着，边跑到玩具箱旁，打算把小猫再找出来。

“思思，一会儿饭该凉了，我们先去吃饭好不好？妈妈不知道你还要玩儿，一会儿吃完饭妈妈跟你一起找。”妈妈劝说思思道。

可是思思却不愿意去吃饭，非要将小猫再次排列好不可。妈妈感到后悔极了，如果能提前跟孩子沟通一下就好了。

孩子在秩序敏感期内，会非常喜欢“排队”，不管是什么物品，都喜欢把它们排成整整齐齐一板一眼的样子，并且沉浸于其中，反反复复，不知疲倦。如果这个时候，孩子排列好的“队伍”被他人毁掉了，那么会令他们的情绪变得失控，直到我们将“队伍”恢复成原样为止。

思思妈妈并没有意识到这一点，她以为思思的行为就是普通的游戏行为，不存在任何目的，所以才会在收拾的时候，完全没有考虑思思的感受。

试想一下，在玩具箱里有那么多玩具，为什么思思只找小猫来排队呢？因为在思思的眼中，又小又可爱的小猫更符合小孩子的形象，而一群小猫在排队，实际上模仿的是思思在幼儿园小朋友们一起排队洗手的场景。而在这个“排队”的过程中，每一只小猫都代表着一个小朋友，思思会考虑哪个在前哪个在后，以及其中的原因。总之，孩子的手只要不闲着，脑子也会一直跟着动。

也就是说，孩子在给不同的物品排队时，表达的都是自己内心的一个想法。当他们通过“排队”实现了自己内心的想法时，他们的内心就会得到极大的满足。而且所有的东西都是由自己摆放的，他们也会感到特别自在。

对此，我们应该尊重孩子的秩序感，尽量不要破坏他们排好的“队伍”，除非得到孩子的允许。一旦孩子的情绪因为“队伍”遭到破坏而失控，我们可以尝试转移孩子的注意力，等到孩子情绪稳定后，再与孩子进行交流。

总之，就是保护孩子的秩序感，并尽可能为他们提供有秩序的环境，减少他们因无秩序而产生的不安全感。

妞妞 3 岁时的故事

晚上睡觉时，妞妞的淘气行为又开始了。

“啪嗒”灯亮了。

“啪嗒”灯灭了。

“啪嗒”灯亮了。

“啪嗒”灯灭了。

……

“妞妞，不要再玩儿灯了，会把灯泡闪坏的，灯泡坏了，灯就没办法亮了。”在忍了很久后，妞妞妈妈终于忍不住开口制止妞妞。

“好的。”妞妞答应得很干脆。

但是没过一会儿，“啪嗒”灯又灭了。

“妞妞！”正在柜子里找睡衣的妈妈，大喊了一声。

“啪嗒”灯又亮了。

“妞妞，你要是再敢关灯，妈妈就打你手手了哦。”妈妈怕妞妞再按起来没有完，便立刻出言“威胁”道。

妞妞一听，连忙从椅子上爬下来，躲到了自己的床上。找到衣服的妈妈看到妞妞缩成一团躲起来的样子，觉得又好气又好笑。

重复，是孩子在秩序敏感期十分突出的特点。孩子们喜欢不断地重复做一件事，将搭好的积木推倒，再搭一遍，再推倒；打开灯，关掉，再打开，再关掉；坐电梯下来，再上去，再下来，再上去……

只要是他们觉得有趣的事情，他们都会一遍又一遍地去做。这些在大人看来毫无用处的行为，却是孩子在感知秩序的存在，以此来认识自己周围的世界。他们在重复做一件事的过程中，不仅满足了他们在秩序敏感期的需求，还锻炼了他们的思维逻辑能力。所以，如果我们中断了孩子这些重复的行为，就等于阻碍了他们去认知这个世界。

因此，我们要尽量给孩子提供有秩序的环境。

第一是空间环境，尽可能把出现在孩子眼前的玩具、书本等规划到合理、适当的位置，并且不要随意更换位置，弄乱了要及时整理归位。如果孩子在这一时期上幼儿园，可以在征得老师同意的情况下，给孩子带一件他熟悉的东西，这样可以减少孩子在陌生环境中的不安全感。

第二是时间环境，孩子的秩序敏感期是孩子养成规律作息的好机会，一旦给孩子安排好什么时间做什么事情，就不要随意打乱。

另外，我们可以利用孩子在秩序敏感期对一些规则和习惯会特别遵守的特点，去培养孩子一些生活习惯，让他们做一些力所能及的事情，比如：穿衣服、穿鞋子、洗澡等。孩子在一遍一遍做的过程中，逐渐建立他们自己合理的秩序，孩子不但能够加深印象，也会慢慢将这些习惯当成他们生活的一部分。

执拗地与你“作对”时，你要保持理智

随着孩子的成长，他们的“秩序敏感期”也呈螺旋形上升，渐渐地，他们会为了维护秩序而不断与我们“作对”。这个时候，大人们往往认为孩子越大越不听话了，实际上这只是说明了孩子的内在秩序已经被良好地建立起来，同时会主动维护外在秩序。

很多从小没有挨过骂、没有挨过打的孩子，这个时候被骂成了常态，甚至屁股还会迎来出生后的第一个“巴掌”。

晨晨 4 岁时的故事

这天，妈妈的朋友带着孩子到晨晨家做客，有了年龄相仿的小朋友来玩儿，晨晨十分开心，便将自己的玩具都找了出来，拿给小朋友玩儿。

妈妈对晨晨的“待客之道”感到十分满意，觉得晨晨长大了，懂事了，可以跟小朋友分享玩具了。可是妈妈并没有高兴多久，不一会儿，晨晨就跟小朋友争执了起来，两个人都拽着一辆玩具消防车不松手。

晨晨说：“这是我的，我要玩儿。”

小朋友说：“这是我先拿到的，谁先拿到谁先玩儿。”

作为主人，晨晨妈妈自然要求晨晨先放手，“晨晨，把玩具给弟弟，你是大哥哥，你要懂得让着弟弟，知道吗？”

妈妈的话并没有说动晨晨。“这是我的玩具，我就要玩。”晨晨反驳妈妈道。

“晨晨，你是不是又不听话了？”妈妈见劝说不行，便打算吓唬吓唬晨晨。

可对方不放手，晨晨也不愿意放手，眼看着两个人的小手因为使劲儿都被拽红了。晨晨突然一用劲儿，将玩具车抢了过来，小朋友不服气，伸手推了晨晨一下。还没等大人反应过来，晨晨一巴掌就打在了小朋友的脸上，小朋友被打得立刻“哇哇”大哭起来。

看到晨晨不礼貌的行为，妈妈十分生气，一把拽过晨晨，照着晨晨的小屁股就拍了上去，晨晨顿时也哭了起来。本来其乐融融的场面，结果变成了两个孩子哭成一团。

妈妈的朋友只好领着孩子回家了。妈妈想要跟晨晨讲讲道理，可是刚一开口，晨晨就气呼呼地回到自己的房间，拒绝与妈妈沟通。

在孩子的执拗敏感期内，这种“认死理”的现象经常会出现。相信很多经历过的家长都深有体会，每天生不完的气。如果我们不了解孩子的执拗敏感期，那么分分钟都徘徊在要被气炸的边缘，也许还会忍无可忍动手打孩子，那最后的结果，就是两败俱伤。

在晨晨的意识里，玩具是他的，他就拥有支配权。而在小朋友的心里，这个玩具不是他的，那么就谁先拿到了算谁的。两个孩子都在遵从着自己内心的“秩序”去做事情。

孩子的年龄和阅历致使他们只能站在自己的角度思考问题，而不能站在别人的角度思考问题。换句话说，就是孩子只会遵守自己的“秩序”，无法适应别人的“秩序”。在他们的心里，认为自己的选择才是正确的。

因此，当晨晨被小朋友推了一下后，他认为自己受到了“不公平”的待遇，所以才会“变本加厉”地还击回去。

这时，孩子需要的是成长，而不是打骂。我们打骂孩子的行为，不但不能让孩子很好地度过执拗敏感期，还会让他们学会“以暴制暴”。孩子就是我们的一面镜子，他怎样被对待，他就会选择同样的方式去对待别人。如果我们经常打孩子屁股，那么用不了多久就会发现，孩子在生气时，会通过打布娃娃来撒气。

作为家长，我们只要“大人不计小人过”就好，不要一味地与孩子“较劲儿”，他们要往东，我们偏要让他们往西。硬碰硬的结果就是，孩子委屈，我们生气。因为执拗的行为是没办法去除的，只能通过我们对孩子的理解和宽容来缓解，只要我们能够尊重并顺从他们，那么他们内心的焦虑和不安就会减轻，焦虑和不安减轻了，执拗的行为也会变得可以通融。

淘淘 4 岁时的故事

在淘淘 4 岁以前，每天吃饭他都会主动去洗手，甚至有时候会洗很久，因为可以趁机玩会儿水。但最近，淘淘似乎变得不听话了，妈妈一喊吃饭，他就立刻坐到餐桌前，小手抓起来就吃。妈妈让淘淘去洗手，淘淘就会表现出“一百个”不愿意的样子，每次都要磨蹭很久，才不情不愿地去洗手。有几次，还是妈妈强拉硬拽地将淘淘拖到了卫生间，强行给他洗了手。

一天，淘淘又没有洗手就上了饭桌。

“淘淘，去洗手，不洗手不能吃饭！”妈妈严厉的声音传来。

“又是洗手，真麻烦！我在幼儿园洗过了。”淘淘的心情可能不太好，拒绝洗手的语气也比以往更加恶劣。

淘淘的语气让妈妈更加生气了，语言也变得更加严厉起来：“时间已经过去很久了，你从幼儿园回来的路上，从地上捉了蚂蚁，回家以后还摸了玩具，这段时间你的手上就沾上了数不清的细菌了！”

妈妈的长篇大论并没有说服淘淘，反而把淘淘烦得捂住了耳

朵，直到妈妈不说了，淘淘才放下双手，准备去拿妈妈刚刚做好的鸡翅吃。

谁料，妈妈眼疾手快，连忙将鸡翅挪到了远处，并说："不洗手可以，那就别吃饭了！"

淘淘的小手扑了个空，气呼呼地看着妈妈说："哼，不吃就不吃！"说完，就真的离开了饭桌，跑回了自己的房间，不一会儿，房间里就传出了淘淘的哭声。

为此，妈妈感到十分郁闷。她特地从书店买来了关于洗手的绘本，晚上睡觉前讲给淘淘听。还从网上找到了相关的动画片，让淘淘看。可是，讲故事和看动画片的时候，淘淘都很感兴趣，并保证以后饭前一定洗手。可是维持不了几天，"老毛病"就又犯了。

后来，为了让淘淘能够在饭前保持一个好心情，淘淘妈妈只能退而求其次，当淘淘再次不愿意洗手时，妈妈就会选择用消毒纸巾帮他擦擦手。起初爸爸认为妈妈的方式不对，这样惯着淘淘，以后大人说话他就不会听了。结果过了一段时间后，淘淘忽然间就不在"洗手"这件事情上跟妈妈"作对"了。

在孩子进入执拗期后，我们会发现以前养成的良好习惯，在这时期仿佛都消失了一般，比如：饭前洗手、睡前洗漱这样的事情，每次让他们去做，都免不了一场大呼小叫。

有心的父母如果向身边的爸爸妈妈们打听一下，就会知道出现这种情况，可不是只有自己的孩子，大部分孩子都是这样。他们并不是刻意与父母"作对"，只是内心的"执拗"在作祟。

这个时候，如果我们强行让孩子按照我们方式去做，那么他们会感到十分痛苦，即便勉强去做了，通常也会伴随着“哼哼唧唧”的哭闹声，让我们心里更加恼火。搞不好，孩子还会像淘淘那样，采取极端的方式来捍卫他们的“秩序感”。

同时，采用哄骗、央求的方式让孩子按照我们的方式去做，也不是什么明智的做法，因为在这一时期的孩子，往往都不吃这一套。

淘淘的妈妈选择用消毒纸巾给孩子擦手的做法，看似是无奈之举，但却是对待这个时期的孩子的最科学的办法。在育儿这件事情上，通常都是“只要大脑不滑坡，办法总比困难多”，孩子不愿意洗手，或是不愿意睡前洗漱，我们就另辟蹊径。比如：教会孩子用筷子吃饭、用湿纸巾擦手或是将水端到他们愿意洗漱的地方……

放心，这种暂时的迁就，并不会将孩子惯出一身臭毛病，相反，可以帮他们很好地度过执拗期，等这一时期过去后，洗手、洗漱这样的事情，孩子还是很乐意去做的。

当孩子开始“挑剔”，学习的好机会来了

经过了秩序敏感期、执拗敏感期后，孩子就进入了完美敏感期。这一期间，孩子的秩序敏感、执拗、自我意识萌芽等是交织在一起的，并相互作用，促进孩子不断地向前发展。他们在一次次的

哭闹中，向父母表明自己的态度和需求。同时也在一次次的“我不要，我不要”“不是，不是”中，逐步清楚自己的需求，家长也会逐步搞清楚孩子的需求。

琪琪 4 岁时的故事

“妈妈，我想要苹果。”

从幼儿园回来一进门，琪琪就对妈妈说。

妈妈打开冰箱一看，已经没有苹果了，只剩下两个橙子，于是便劝说琪琪：“琪琪，我们吃橙子好不好，妈妈买的橙子特别甜。”

换作小时候，琪琪一定会被妈妈口中的“甜”字吸引，改变自己的主意。可是现在的琪琪，却不那么愿意听从妈妈的安排，她只想按照自己的想法来。

“不要，我就要吃苹果。”琪琪语气强硬地说。

“那好吧，你在家等一下，妈妈到楼下给你买。”妈妈没有办法，只好穿上了刚刚脱下的鞋子。

不一会儿，苹果就买回来了。琪琪高兴得一蹦三尺高，跟在妈妈身后就进了厨房，那迫不及待的样子，让妈妈觉得自己虽然多跑了一趟，但却很值得。

可是琪琪一看到妈妈手中的苹果，又变得不开心起来，指着苹果上的“点点”说：“这个苹果坏了，我不吃，我不吃。”

妈妈耐心地解释道：“这不是坏了，是苹果表皮上的颜色。”

“不要，不要，我不要吃坏苹果。”琪琪根本没有听进去妈妈的话。

妈妈只好又从袋子里找了一个看起来很“完美”的苹果，问：“那这个总行了吧，又红又圆。”

琪琪将苹果翻过来掉过去地观察了一遍，说：“这个行。”

洗完了苹果，妈妈将苹果削了皮，然后切成了一块一块地拿给了琪琪。结果琪琪一看，又不乐意了，说：“我不要吃切成一块一块的苹果。”

“苹果太大了，不切你吃不好呀！”妈妈说。以往苹果都是这样切的，琪琪从来没有挑剔过。

“不要，我不要切成这样的，我们幼儿园都是切成大的，像西

瓜一样的那种。”琪琪噘着嘴巴抗议道。

琪琪妈妈明白了琪琪是想把苹果切成一牙一牙的样子，可是切成什么样子不都一样要吃进肚子吗？

“不管切成什么样子，不都一样要吃进肚子里吗？”妈妈有些生气了。

“不要，不要，我就要吃切成西瓜那样的苹果，要不我就不吃了。”琪琪双手抱在胸前，小脑袋扭向了一边，一副拒绝沟通的样子。

妈妈很想说：“不吃就别吃了！”但话到了嘴边又咽了下去，琪琪平时很听话的，很少做像这样“鸡蛋里面挑骨头”的事情，于是心一软，又重新给琪琪洗了一个苹果，并切成了一牙一牙的样子。

琪琪这才心满意足地吃了起来。边吃边跟妈妈聊天说：“妈妈，今天我们幼儿园也吃苹果了，可是每个人只给了两块，我都没吃够。”

听到了这里，琪琪妈妈十分庆幸自己没有对琪琪发火，否则孩子不但在幼儿园受了委屈，回了家还要被骂，太可怜了。

在秩序敏感期内，孩子还有一个典型的表现，就是变得十分挑剔和敏感，对事物都有着自己的标准和要求，我们也可以称这一时期为“完美敏感期”，通常出现在执拗敏感期之后。

孩子进入 3 岁以后，对周围的事物产生了一定的审美观，在这种“审美观”的指引下，孩子便开始追求完美。

这个时期的他们，对事物会变得十分挑剔，衣服上不能有小洞洞、苹果上不能有疤、玩具上不能缺少零件、饼干不能缺一角……在完美敏感期的孩子眼里，所有事物都应该是完美无缺的。

因为，完美的东西能够让他们产生一种安全感。在他们看来，完整的没有受过任何损伤的东西，才能够令他们放心。就像很多大人一样，不喜欢残缺不全的东西。但大人心智已经成熟，可以区分哪些“不好”无伤大雅，但孩子却缺少区分的能力。

这就需要我们对孩子进行有效引导了。首先，我们要理解孩子在完美敏感期内表现出来的“偏执、顽固和完美主义”的行为，比如：他们经常在书上乱写乱画、给小汽车涂颜色，或是在沙发上留下他们的“签名”……这些“破坏”行为，其实都是孩子追求“美”的表现。在我们看来，干净整洁的书面上，不需要再添加任何“标记”了，但在孩子看来，却恰恰相反，他们认为书上缺少了某种符号，只有自己给画上去，这本书才算“完美”。

在追求“完美”的路上，孩子往往会比较任性，就像琪琪一样，苹果切的形状都要按照她的要求来，实际上这是孩子的审美在“进步”，而且随着孩子审美感觉的提升，他们对完美的任性就转化成了对生活的正常追求。

因此，我们千万不要随意嘲笑、批评孩子，更不要打骂，或是给孩子贴上“事多”“毛病多”这样的标签。要多多引导，并提供适宜的途径让孩子尽情追求完美。

妞妞 4 岁时的故事

妞妞妈妈是一名形象设计师，所以从妞妞生下来后，妈妈就对妞妞的衣着打扮十分在意，妞妞总是被妈妈打扮得像是一个小模特一样。

以前不管妈妈给穿什么衣服，妞妞都会很配合。到妞妞 4 岁以后，她忽然有了自己的主意。有一天早上，妈妈给妞妞找了一件黑色的半袖上衣，一条绣花的牛仔背带裤，一双条纹袜子，还有一双黑色的帆布鞋，这身搭配又萌又酷，妈妈感到很满意。

可是妞妞却死活不愿意穿，一边满屋子跑来跑去，不让妈妈把衣服套在她的身上，一边喊："我不要穿这身衣服，我不要穿这身衣服。"

眼看着上幼儿园的时间就快到了，妞妞妈妈只好妥协，说："那你想穿哪件衣服，自己去找吧。"

妞妞这才停下了到处乱跑的脚步，来到了衣柜旁，从里面找出了一件粉色的纱裙，又找出一件粉红色的上衣，然后拿出了上舞蹈课时穿的白袜子。妞妞妈妈看到妞妞的搭配，欲哭无泪道："粉红色配粉色，这两个颜色搭配起来不好看。"

但妞妞丝毫不在乎妈妈的意见，早已经不管不顾地将衣服套在了身上，临出门前，还将一个塑料的皇冠发卡戴到了头上，问妈妈："妈妈，你看我像不像公主？"

妞妞妈妈十分无奈，但是也没有办法，只好说："像，像，特别像公主身边的小丫鬟。"

此时，妞妞早就已经跑远了，连跑步的姿势都是"我好美"的感觉。更加让妞妞妈妈无语的是，如果衣服不是妞妞亲自选的，只要有一点儿她不喜欢的元素在其中，她就会拒绝穿，甚至连试穿都不愿意。

之前妞妞妈妈给妞妞买了一条破洞牛仔裤，结果妞妞非说那条裤子是坏的，不能穿，从买回来就放在衣柜里，连标签都还没有摘下来。

但如果让妞妞自己去挑衣服，妞妞的眼光永远无法和妈妈保持一致。妞妞觉得好看的衣服和鞋子，在妞妞妈妈眼中，简直难看到没法穿。而妈妈挑中的衣服，在妞妞看来，根本不是她的“菜”。

因此，几乎每天早上上学前，妞妞和妈妈之间都会发生一场因为穿什么衣服而引发的争执。苦不堪言的妞妞妈忍不住向周围的妈妈们打听了起来，这一问不要紧，发现周围差不多大的孩子都有这样的毛病，有的比妞妞还严重，不但在穿衣方面有要求，还要化妆戴首饰。

最有意思的是一个小男孩儿，从小在奥特曼和汽车的环境里长大，居然突然喜欢上了“美人鱼”，每天晚上睡觉，都要抱着“美人鱼”的玩偶才能睡着。

有人说，幼儿的生命是个小宇宙——他们天生能与大自然沟通，并从中得到灵感和审美。孩子从 2 岁半开始到 5 岁之间，就进入了审美敏感期。

在这一时期的孩子，会对自身的形象格外注意，喜欢自己挑衣服，女孩子对口红、化妆开始感兴趣。男孩子不再让家长剃光头，并酷爱某种卡通图案。总之，孩子不再像以前那样，愿意听从我们的安排了。这不是孩子不听话了，而是因为孩子的“自我”开始萌发了。

秩序敏感期大致可以分为两个阶段：第一阶段，主要是建立内在秩序与外在秩序。内在秩序中最重要的一个方面，就是心智。当孩子的心智发展到一定程度时，他们便形成了“自我”，这是孩子成长过程必经的阶段。

而内部秩序的建立，需要外部秩序作为支撑，为孩子提供探索周围世界的机会和条件。在探索的过程中，孩子开始尝试辨别自我与他人的区别。

4 岁的孩子，已经拥有了“自我意识”，因此妞妞才不愿意接受妈妈的“安排”，她更愿意按照自己喜欢的方式去穿衣服，尽管因此会和妈妈之间产生摩擦。这是孩子通过磨合的方式，来建立自己未来的人生观。

也就是说，随着自我意识的萌芽和发展，他们已经意识到自己与世界是分离的，自己与父母也是分离的。他们会渐渐发现，自己可以控制的事物有很多，并体会到了“自我”的强大力量，于是他们更喜欢自己支配身边的一切。

我们一方面要尊重孩子的审美需求，同时，也要运用合理的手段慢慢引导孩子形成健康的审美趣味。引导孩子多去接触美好的事物，这样能够促进孩子审美心理的正常发展。

另一方面要培养孩子节制的品格。孩子对“美”的判断比较幼稚，他们喜新厌旧，很容易被美而新鲜的物品吸引。这种情况下，我们应给孩子较少的选择项，比如：买衣服时，碰到孩子同时喜欢很多件，那么只允许他们挑选一件最喜欢的买；买一些装饰品等，则需要他们做家务赚取“劳务费”去购买。

当孩子产生“攀比”心理时，可以通过影视作品、绘本故事或公益活动等手段，引导他们明白“心灵美”的重要性。

一般来说，孩子的审美发展呈现“螺旋式上升”的趋势。只要我们对孩子因势利导，就能将孩子的认知提高到一定的高度。

比如：男孩子喜欢美人鱼布偶的行为，若是我们讽刺孩子像女孩子一样，那就会对他们造成心理伤害。但如果我们说：“美人鱼很漂亮，需要我们来保护她，所以你要变得更强大哦。”那现在的小男孩儿，长大后就是一个男子汉。

第三章

0~6 岁，捕捉儿童的感官敏感期

感官是感受外界事物刺激的器官，包括耳、眼、舌、鼻、身等，即听觉、视觉、味觉、嗅觉、触觉等。它们的敏感期开始时间各不相同，各有特点。

孩子从出生起，就会借着听觉、视觉、味觉、嗅觉、触觉等感官来熟悉环境、了解事物。1 岁以前的孩子，会拿起手边的东西咬，来判断是否可以吃；1~3 岁的孩子会用鼻子闻味道、用手去捏东西去判断食物是否可以吃，或者通过观察食物的颜色来决定吃不吃；3~6 岁的孩子会对各种颜色、物品等进行分类。

感官是心灵的窗户，感官对智力发展具有重要作用，感觉训练与智力培养密切相关。可以说，孩子是通过不断丰富的感官体验来认识世界、探索世界的。因此，在这一时期，父母要带着孩子进行充分的感觉活动，充分开发孩子各个器官的灵敏程度。

感官敏感期是短暂的，并且一旦消失就再也没有弥补的机会了。如果父母不能抓住这一敏感期，不但会留下难以弥补的遗憾，严重者还会使孩子整个精神发展受到损伤。

多让孩子观察，孩子会感到惊喜与快乐

视觉是孩子最先发育的感官，在母亲孕后期，孩子就可以透过妈妈肚皮，感受到外界微弱的光了。孩子 3 岁以前，是视觉发育最为关键的时期，在这一期间，孩子的视觉发育有很大的可塑性。

妞妞 6 个月之前的故事

妞妞出生后，妈妈觉得她是这个世界上最可爱的宝宝，值得拥有一切美好的事物。所以，还在月子里时，妈妈就给妞妞买了很多玩具，比如：安抚睡眠的小海马，五颜六色的摇铃……

在挂摇铃时，遭到了妞妞奶奶的阻止。奶奶说："这玩意儿离孩子眼睛太近了，孩子总是盯着看，会看成'斗鸡眼'。"

但妞妞妈妈却认为，孩子这么小，视觉还没发育呢，根本看不清，而摇铃的颜色鲜艳，可以刺激孩子的视觉发育。

最后，在妞妞妈妈的坚持下，摇铃挂在了妞妞的床前。每当妞妞睡醒了时，妈妈总是兴致勃勃地打开摇铃，可是妞妞似乎对摇铃并不感兴趣，这让妞妞妈妈十分有挫败感。过了一段时间，妈妈打算把摇铃拆下来，这时又发现，妞妞似乎对摇铃又感兴趣了，每次吃完奶躺在床上，眼睛都一眨不眨地看着摇铃。

一天，家里的亲戚带着孩子来看妞妞，亲戚的小孩儿手里拿着一个氢气球。从一进屋开始，妞妞就盯着气球看，气球飘到哪里，妞妞的眼睛就跟着看到哪里。忽然，小孩儿用力拉了一下气球，气球一下子低了下来，不一会儿又飘飘忽忽地飞上了天花板。

妞妞看到这一幕，竟高兴地笑出了声。妞妞妈妈为此感到激动不已，连忙上街买了两个气球回来，然后便站在妞妞面前，一上一下地拉着气球玩儿。每当气球从妞妞的视线里消失又再次出现的时候，妞妞都会兴奋得"咯咯咯"地笑。

不过，没过多长时间，妞妞就对气球失去了兴趣，反倒是对家里的珠帘产生了热情，经常伸出小手想要去抓珠帘。

对此，妞妞妈妈感叹道："婴儿，真是让人捉摸不透的物种。"

其实，不是小婴儿让人捉摸不透，而是妞妞妈妈没有了解婴儿视觉发育的规律。

孩子出生后的前20天，是视觉迅速发展的时间段。这个时期我们称为“视觉光感敏感期”，这个阶段是不可逆的。

刚出生的孩子，视力并不是很好，所以他们对色彩艳丽的事物不感兴趣，反而对明暗相间的地方特别感兴趣，有时候会盯着某个影子看上半天，也会对屋子里一闪而过的光束产生极大的热情。

为什么会这样呢？就好比一条长长的黑暗的隧道，隧道尽头透进来的一点儿亮光会显得格外明亮。而孩子在出生时，就好像走在隧道之中一样，因此他们会对明暗闪烁的光线更加感兴趣。

因此，彩色的东西暂时无法引起初生儿的兴趣，相反，黑白相间、颜色反差较大的东西更能吸引他们的注意。如果我们留心观察，还会发现孩子对门缝透过来的光线也十分感兴趣，他们甚至想要将那道光抓到手中。

在这一时期，我们可以准备一些视觉卡片来帮助孩子开发视力，通常这些卡片上都有一些图案。可以将卡片放到孩子眼前让孩子看，然后一张一张地给孩子介绍一下上面有什么，大约三四秒就可以换下一张图片了。

也可以和孩子玩一玩“影子”游戏：在手电筒上蒙上一块纱布，让它的光变得不那么刺眼后，再把家里的灯关掉，然后慢慢移动手电筒，吸引孩子的眼睛追随光线。不过，这个游戏时间不宜过长，以免孩子产生视觉疲劳。

随着孩子一天天长大，他们的视力会变得越来越好，渐渐可以看清楚身边的一切了，可以分辨出身边的人是谁，如果是熟悉的人，他们会很高兴；如果是陌生的人，则会让他们感到恐慌，甚至是哭泣。

这个时候，我们就可以抱着孩子在屋子里到处转一转了，一边转一边给孩子介绍家里的各种事物，你会发现，当你指向什么时，他的目光就会顺着去看向那样物品。也可以和孩子玩一玩“照镜子”的游戏，让孩子看着镜子里的自己，然后我们指着镜子里的“人”开始介绍：“这是宝宝，这是妈妈，这是宝宝的鼻子……”

很多人认为，孩子的器官发育是自然而然的过程，所以没有必要进行开发。实际上，这种观点是错误的。无论是动物还是人类，在生命最初的阶段，大脑和脑功能都处于构建的过程，各种器官的感觉都与大脑中相应的神经中枢系统联系在一起，只有建立了联系，各个器官才能发挥正常的作用。

也就是说，孩子的视力发育，可以促进孩子的大脑发育。因此，我们一定要抓住孩子从出生到6个月的这段时间，积极地开发孩子的视力。

妞妞3岁时的故事

妞妞3岁生日刚过完，妈妈就发现了妞妞身上的改变，那就是妞妞开始用彩色笔画画了。

为了培养妞妞的艺术细胞，在妞妞第一次拿起笔在纸上乱画的时候，妈妈就给妞妞买了一套彩笔。每次妞妞“画画”时，妈妈都会赶紧把彩笔准备出来让妞妞用。

可是妞妞似乎不怎么了解彩笔，每次都只拿出其中一支，从头画到尾。中途妈妈想让妞妞换一种其他颜色的彩笔，妞妞从来都不愿意。就在妈妈以为买来的彩笔没用了时，妞妞却好像突然开了窍，明白过来彩色笔该怎么用了。

不仅如此，妞妞还对涂色也更加感兴趣了，时常拿着已经被涂得看不出原样的画给妈妈看，并让妈妈评价好看不好看。每当这个时候，妞妞妈妈心里虽然很“嫌弃”妞妞的画，但是嘴上总是会称赞妞妞的画颜色十分棒。

或许是得到了妈妈的夸奖，妞妞对颜色越来越感兴趣了。总是让妈妈给她播放电视里的一首教小朋友认识各种颜色的儿歌，妞妞可以说是百听不厌。

有一天早晨，妈妈帮妞妞找衣服时，妞妞忽然对妈妈说道：“我要穿那件白色的裤子。”

妈妈一低头，果然柜子里有一条白色的打底裤。让妈妈感到惊奇的是，妞妞居然认得颜色了。于是，妈妈连忙指着自己身上穿的衣服问：“妞妞，妈妈的衣服是什么颜色呀？”

“黄色。”妞妞回答。

看到妈妈激动的表情，妞妞感到很自豪，于是又重复了一遍：“黄色，黄色，yellow。”

居然还冒出了个英文单词，这可把妈妈高兴坏了，因为她从来没有刻意教给妞妞英语，没想到妞妞平时听听儿歌，居然自己记住了“黄色”的英语发音。

“我们妞妞真是个小天才。”妈妈忍不住夸赞道。

通常，到了 3~4 岁，孩子就进入了色彩敏感期。

起初，他们只热衷于认识各种颜色。但是因为辨别能力有限，往往会发生“张冠李戴”的现象，把各种颜色混为一谈。孩子会通过不断地发问“这是什么颜色？”或者是不断地试错，来逐渐增强对颜色的理解和运用。

很快他们就进入对色彩的触摸和感知阶段，这个阶段，涂色能够引起他们足够的兴趣，往往可以坐在那里认真地涂很久。尽管他们的“作品”在大人看来有些过于凌乱，看不到原本的轮廓，但这依旧不影响他们为自己的“作品”感到自豪。

需要注意的是，孩子对色彩的认识和喜好，并不是与生俱来的，而是在成长过程中不断地积累和认知发展的结果。这就需要，在孩子的色彩敏感期内，我们要给孩子提供丰富的色彩刺激。

这一点做起来也十分容易，生活中任何东西都可以成为我们的“教具”。比如：废旧光盘的背面，在光的照射下，可以变幻出各种颜色，这时就可以让孩子认一认都有些什么颜色；还有各种颜色的积木，除可以搭建外，也是认识颜色的好帮手；还有室外的花花草草，甚至是孩子身上穿的衣服，都可以帮助我们引导孩子认识颜色。

这个时候也可以给孩子准备一套彩笔。一方面帮助孩子认识各种颜色，另一方面可以用彩笔对照着各种事物的颜色，帮助孩子将颜色与事物“配对”。这样他们在玩涂色游戏的时候，就会有意识地去选择跟事物本身比较接近的颜色了。

另外，在孩子玩涂色游戏的时候，要本着从简单到复杂的原则，先为孩子提供比较简单的图片，然后再逐步加大难度。在涂色过程中，我们可以引导孩子先观察，再选择相应的颜色进行涂画。

由于年龄所致，孩子对笔的运用并不熟练，所以不要因为孩子涂得不够工整。而否定孩子。孩子涂出来的画面乱七八糟，但颜色运用得十分好，或是与现实中的物品颜色十分匹配。总之，我们要从孩子的“作品”中找到可取之处，并给予鼓励，这样才能激发孩子的热情，从而加强孩子对色彩的印象与认知，为今后的书写和绘画奠定基础。

最后一点，一切启发都应该在孩子感兴趣的情况下进行，如果孩子失去了兴趣，千万不要逼迫孩子去做。

家里不用静悄悄，孩子更喜欢有声音

早在孩子的胎儿时期，他们就已经有听力了，所以早期的胎教方法中，会有听力刺激这一项。当宝宝有了听觉后，周边的一切声音都会被他收入耳朵之中，传入大脑，并留下痕迹。听，不但可以使宝宝辨别周围的声音，还可以帮助他们掌握人类的语言。因此，听觉的发展在孩子的整个幼儿期起着十分重要的作用。

晨晨 6 个月以前的故事

晨晨出生的时候，奶奶特地从老家赶来照顾。从医院回到家的第一天，因为风有点大，爸爸在出门的时候没有拉住门，结果门发出“哐当”一声响。晨晨被吓得浑身一哆嗦，随即就“哇哇”大哭了起来。

从那以后，奶奶就断定小婴儿需要在一个安静的环境中成长，因此家里不允许发出较大的声音。看电视，音量要调到最小，最好是看着字幕，不要听声音。洗衣服，一定要在晨晨醒着的时候洗，并且还得关上卫生间的门。什么吸尘器呀、豆浆机呀，这种可以发出“巨大”声响的电器，统统都被放进了柜子里。就连人说话，都要尽量压低声音。如果晨晨正在睡觉，那最好连话都不要说。

每当晨晨爸爸为此质疑时，晨晨奶奶总是一本正经地说道：“小孩子胆小，很容易被吓到，万一吓到了，那是会影响智商的。”

想到之前晨晨被吓醒的样子，晨晨爸爸虽然觉得奶奶的做法不妥，但是也只能听从奶奶的安排了。

晨晨两个多月的时候，总是会无缘无故地哭泣，去医院检查后，医生表示晨晨很健康。这天，晨晨喝奶前又开始哭闹，妈妈抱着晨晨怎么哄也哄不好。正在客厅看电视的奶奶，手一紧张，不小心调大了音量。

瞬间，电视里的声音传到了晨晨的耳朵里。晨晨忽然就不哭了，反而睁着大眼睛四处寻找声音的来源。奶奶这边连忙将音量降低，晨晨听不到电视的声音后，又再次哭了起来。

0~2 岁这个年龄段，既是孩子视觉发展的敏感期，也是孩子听觉发展的敏感期。孩子刚出生时，视觉和听觉是分开的，它们各司其职，互不干涉，因此对外界发出的声音，不能做出一致反应。这个时候，如果我们能够利用声音对孩子进行有效的刺激，那么，不但能训练孩子的视觉，还能训练听觉，并且能够帮助孩子提高视觉与听觉的综合协调能力。

所以，刚出生的小孩儿，并不喜欢家里静悄悄的，相反，他们更喜欢听到一些声音，这些声音可以让他们了解周围的环境。

有研究表明，音乐对婴儿的智力发育有着重要的影响。能加强人的记忆力和注意力，还能促进人的想象力发展，培养大脑的抽象思维能力。因此，我们可以在孩子的听觉敏感期让孩子多听一些音乐。3 个月以内的宝宝，我们可以每天给他哼唱摇篮曲，或是反复播放一段优美的乐曲，如轻音乐和古典音乐。

孩子 2 ～ 3 个月时，我们可以准备一些有声的玩具，将玩具放在距离孩子 30 厘米远的地方，然后一边让玩具发出声音，一边慢慢地移动玩具。通常，孩子在听到声音后，视线就会随着玩具和声响移动。这时，他们的视觉和听觉都得到了很好的锻炼。

等孩子 6 个月时，可以让他每天听一会儿英语，如节奏欢快的英文儿歌等。这样做不仅能锻炼他们的听觉，还能为将来学习英语奠定基础。

思思 2 岁时的故事

思思从小胆子就比较小，1 岁多的时候，妈妈带着思思到动物园去玩儿，坐在游览车上的时候，正巧一只老虎经过，对着思思“嗷呜”一声叫。当时思思没有什么反应，等到晚上睡觉时，却总是说害怕，无论如何也不让妈妈离开她半步。

妈妈以为，思思长大一些就会变得胆大一些。结果到了 2 岁时，思思还是很胆小。有一天，妈妈正跟思思在客厅里做游戏，忽然传来“嘭嘭嘭”的敲门声，思思立刻像只受了惊的小猫一样，一头钻进妈妈的怀里，说：“怕，怕。”

妈妈只好一边抱着思思，一边去开门。原来是楼上的装修工人走错了门，而思思家的门铃又坏了，装修工人力气大，自然敲门的声音也比较大。后来，每次听到敲门声，思思都会吓得往大人怀里躲。

没过多久，楼上便开始装修了，会时不时地传来电钻的声音。思思第一次听到“嗡嗡嗡”的声音时，吓得“哇哇”大哭起来。后来，只要电钻一响，妈妈不管在干什么，都会立刻向思思跑去。思思也是如此，不管在干什么，只要电钻声音一响，她都会不管不顾地冲到妈妈身边，紧紧地抱住妈妈，直到那吓人的声音停止才松手。

还有一次，妈妈带着思思去参加婚宴。婚宴开始后，几名舞蹈演员上了台，给宾客们表演舞蹈。可能是因为音响的声音太大了，思思一直嚷嚷着要回家，她说：“太吵了。”妈妈没办法，只能先带着思思到酒店外面等着。等舞蹈结束了，人们都开始用餐时，妈妈才敢抱着思思回到酒店里。

孩子对较大的声音产生恐惧时，我们都会想当然地认为，这是孩子胆小的表现。其实，是因为孩子对噪声很敏感。随着孩子年龄的增长，他们的听力也变得越来越灵敏，经常能够捕捉到一些大人并不在意或是已经习以为常的声音。尤其是一些比较大、比较急促的声音，孩子听到后感到恐慌，这是很正常的反应，并不能过早论断这是孩子胆小。

为了提高孩子对各种声音的适应能力，我们可以刻意制造一些“噪声”，比如：带着孩子去嘈杂的菜市场，或是人声鼎沸的商场转一转，以此可以锻炼孩子选择声音的和忽视声音的能力。

在家里的话，我们可以选择在给孩子读书时，故意把电视打开，起初只用很小的声音，然后观察孩子的反应。若是孩子对电视的声音无动于衷，那再渐渐放大到跟读书一样大小的声音，再观察孩子的反应。如果孩子在这种情况下，依旧能够专心地听故事，那就说明孩子抵抗外来声音的能力很强，并且专注力也很强。

不过，制造“噪声”时要有度，如果孩子产生了抵触心理，那么就要立即停止。孩子的听力虽然发展很快，但是依旧在发育期间，过大的“噪声”反而会损伤孩子的听力。我们制造“噪声”只是为了让孩子尽早适应生活中一些常见的声音，而不是利用“噪声”折磨孩子。

淘淘 2 岁时的故事

这天，妈妈带着淘淘到公园里玩儿，看到水池里有很多漂亮的小金鱼，妈妈立刻说：“淘淘，快过来，这里有小金鱼。”但是在一旁玩儿沙子的淘淘，却丝毫不为所动。

反而是另一个妈妈被淘淘妈妈的声音吸引了，也来到了水池旁，看到游来游去的小鱼后，对着同样在沙坑里玩沙子的孩子说：“宝宝，你快过来看，这里有好多小金鱼，它们在游泳哦……”

那慢悠悠的语调，一下子就吸引了沙坑中的孩子，小孩儿立刻就向妈妈奔来。而之前一直在玩沙子的淘淘，也被这个妈妈的声音吸引了过来，趴在水池旁看起小鱼来。

淘淘妈妈感到很诧异，为什么自己叫孩子不答应，别的妈妈一叫孩子就跑过来了呢？于是便开着玩笑对着那个妈妈说：“我这个儿子可能不是亲的，我叫他就不来，你一叫他就跟着过来了。”

那个妈妈听了，笑着说：“你说得太快了，孩子还没听清你说的是什么呢，你就已经说完了。跟孩子说话，得慢一点儿，这是所谓的‘妈妈腔’。”

“‘妈妈腔’？”淘淘妈妈还是第一次听说这个词。

“对啊，指的就是跟孩子说话时一种特定的语气，这样说的话，孩子就愿意听。”那位妈妈说道。

淘淘妈妈似懂非懂地点了点头，没想到出来玩了一圈，还增长了一些育儿知识。

与孩子说话时，最好用“妈妈腔”来说。所谓的“妈妈腔”，指的是一种语速较慢，语句较为简单，发音清晰，词语适当重复，并且言语内容十分具体的语言。

与孩子说话语速要慢一些，因为孩子的大脑与大人相比，虽有无穷潜力，但是他们的反应能力，却要比成年人慢上几拍。因此，当我们用与大人交流时所用的语气和语速与孩子交流时，他们往往不能完全理解，甚至都还没有听懂，我们就已经说完了。

语句要简短一些，因为孩子往往分不清主谓关系，也听不懂语气变化所带来的含义变化，因此想要让孩子充分理解我们所说的话，就要把句子尽量说得简洁明了。

发音清晰一些，因为孩子的语言能力是靠模仿学习得来的，所以家长发音越清晰，那么孩子学到的发音也就越清晰，不管是说普通话还是说方言，都是一样的。

词语适当重复，因为只有不断地重复，才能对孩子的大脑产生刺激，孩子才能充分吸收我们所说的内容。

言语内容要求具体，因为这样可以帮孩子从我们对事物的描述中掌握更多的抽象词汇，对孩子语言的发展有一定的促进作用。

研究表明，用“妈妈腔”跟孩子说话，对语言发展、大脑发育有着重大的意义，尤其是对 3 岁以下的小孩来说，尤为明显。首先，对孩子用“妈妈腔”说话，可以很好吸引孩子的注意力。只有发出富有韵律感、像音乐一样有变化的声音，才能够吸引小宝宝的注意，因为“妈妈腔”是利用了婴儿沟通的特点，将孩子从词语的乐感逐渐带向语言。其次，“妈妈腔”有助于孩子的语言学习，因为“妈妈腔”会在每个音节上加上不同的高音，然后延长最后一个词的收尾，这种有韵律的语言，很容易让孩子明白每个字都有音节，语言可以组字成词，连词成句。

因此，“妈妈腔”可以帮助我们与孩子进行更好的交流，增强我们与孩子的相互理解，并且易于孩子进行模仿。所以，对孩子说话时，我们要有意识地选择“妈妈腔”来表达。但需要注意的是，“妈妈腔”不是儿语，不要模仿孩子的发音，尤其是孩子说的一些发音错误的词语，更不要去模仿。同时，“妈妈腔”也是有期限的，孩子到了 6 岁以后，已经掌握了语言工具，理解力和抽象思维也在加强，这时如果还用“妈妈腔”与孩子交流，那么只会阻碍孩子语言的发展。

另外，“妈妈腔”虽然与妈妈有关，但不是妈妈的专利，所有的家庭成员都可以使用哦。

别阻止孩子吃手，他是在认识世界

当宝宝长到一定月龄时，就会出现吃手指的现象。有些家长认为孩子会把手上的细菌吃到嘴巴里，所以在看到之后会立即阻止这种行为。事实上，孩子吃手的行为不仅能让宝宝获得安全感，还是宝宝探索认识世界的方式。

一般来说，在3岁到6岁这段时间，吮吸手指的习惯是会自然消失的。6岁以后，如果还没消失，可能表示孩子在环境的适应上有问题，父母就要特别小心了。

妞妞1岁前的故事

在妞妞大约两个多月的时候，妞妞学会吃手了，这个意外的发现，被妞妞妈妈视为妞妞成长过程中的新技能。正当妈妈为妞妞这个新技能感到高兴时，太奶奶来看妞妞了，看到妞妞把整个拳头都塞进小嘴里吮吸，太奶奶高兴地说："妞妞妈妈好福气，这一看就是子孙满堂的命。"

原来，民间有种说法，是说刚出生的小孩儿吃手时，如果一下吃整个拳头，则意味着孩子的妈妈接下来还会生很多小孩儿；但如果小孩儿吃手时，只吃一根手指头，则意味着孩子妈妈子女缘薄。

妞妞妈妈自然不会相信这些没有任何科学依据的民间传说，但是对妞妞吃手这件事却格外关注了起来。妞妞妈发现，没过多久，妞妞就开始吃一根手指头了，而且还经常换着吃，有时候是大拇指，有时候是食指。又过了没多久，妞妞便放弃了吃手，转而吃起脚丫来。

到了4个多月的时候，妞妞可以很随意地自己翻身了，妞妞妈发现妞妞不仅爱吃手，还爱吃各种东西，几乎手里抓到什么都会放进嘴巴里。

有一次，妞妞妈把妞妞放到婴儿床上，自己去上卫生间，等到出来时，妞妞妈被吓了一大跳。因为妞妞抓到了床边的纸巾，并且已经塞了一大半到嘴里，纸巾已经被妞妞吞进肚子里许多了。

妞妞妈连忙抱着妞妞去了医院，医生了解了情况后，只让妞妞妈妈回家注意下孩子的大便，因为通常情况下，被咽下去的纸巾会随着大便排泄出来。后来的几天，妞妞妈都能从妞妞的大便里发现一些没有被消化掉的纸巾。

小宝宝还在妈妈肚子里的时候，就已经开始吃手了。出生后，因为孩子的神经系统发育不够完善，他们的大脑还不能指挥手部的动作，这个时候孩子所做出的一些动作，都是无意识的动作。但因为孩子有吮吸的要求，任何靠近嘴巴的东西，孩子都会放进嘴巴里嘬一嘬。作为距离孩子嘴巴最近的手，自然就成了最早被孩子放进嘴巴里的东西了。

从第 3 个月开始，孩子的神经系统开始发育，手眼协调能力也开始迅速发展，此时他们的“吃手”行为，不但是受到了大脑的支配，而且还能够更准确地将手放到嘴巴里。这个时候，孩子之所以会产生吃手的行为，从精神分析的理论来解释就是：宝宝出生后第一年称为“口欲期”，是人格发展的第一个基础阶段，宝宝吮吸手指，是一种性快感的表现。

小宝宝吮吸手指、唾口水、发出咯咯的笑，并对这一切感到十分开心，这是孩子口欲期的最初表现。宝宝的嘴巴是性的快感区，他们从吮吸母乳中，不仅满足了食欲的需要，而且，从吮吸所产生的快感中获得了性欲的满足。

更重要的是，此时孩子对世界充满好奇，不仅用眼睛看，用手摸，还要用嘴啃。而吃“手”跟吸吮妈妈的乳头感觉是不一样的，但同样能够让他们感受到安全感，减轻自己紧张情绪，对抗孤独。这个发现，也会让他们乐此不疲地把手放进嘴里面。

有研究表明，来自外界的刺激越多，孩子大脑皮层生长得越厚、越大，而沟回越深，宝宝也就越聪明。也就是说，如果孩子开始出现吃手行为，说明这是他们智力发育的一个开始。

如果孩子的吃手行为发生在 2 岁以前，那么家长不必为此感到焦虑，也不必强加干涉，因为这是孩子探索世界的方式，无论什么东西，他们都要放到嘴巴里“了解”一下。

至于我们担心的卫生问题，也很好解决，帮孩子把小手，以及孩子可以接触到的一切玩具和用品都清洗干净，这样就可以放心大胆地让孩子吃了。

等孩子稍微大一点儿还吃手时，就可以用转移注意力的方式缓解孩子吃手的现象，如：给孩子拿个玩具，让孩子摆弄玩耍；带着宝宝出去走走，这样孩子的注意力就会被新鲜事物所吸引，伸手去探索，从而顾不得吃手。

还有一些安抚奶嘴或是磨牙棒，可以作为手指的替代品，尤其是在孩子的出牙期，磨牙棒还会帮助孩子缓解牙床的不适感。

思思 3 岁时的故事

思思 6 个月的时候，妈妈要回归工作岗位了。一直吃母乳的思思一时半会儿接受不了断奶的事实，连续两个晚上都要哭闹一阵才肯喝奶粉睡觉。

好在两天以后，思思彻底接受了奶粉，不再哭闹了。但是很快，妈妈发现思思多了一个“坏习惯”，那就是吃手。之前思思也有过吃手的问题，她会将整个小拳头都塞进嘴里，不过那是很短暂的行为，通常妈妈将思思的小拳头从嘴里拔出来后，吃手的行为就会停止。

但是断奶以后，吃手的行为变得更加严重了，后来发展到了不可控制的地步。只要思思感到无聊，或是没事做时，就会坐在一边

“津津有味”地吃手指。如果大人不准她吃手指，她就会又哭又闹。有时候，为了吃手指，还会悄悄躲起来。

妈妈本以为吃手的行为，会随着思思年龄的增长而渐渐被戒掉。结果思思到了3岁，依旧改不了吃手的习惯。有一段时间，思思妈妈忙于工作，思思几乎每天都待在奶奶家。奶奶要照顾叔叔家的小弟弟，还要做家务，每天也很忙，大部分时间，思思都是一个人玩耍。

一天晚上睡觉前，思思小声地对妈妈说：“妈妈，我手疼。”妈妈拿起思思的小手一看，大拇指的地方破了皮，又红又肿。

“这是怎么弄的呀？”妈妈焦急地问，这伤口看上去不像是烫伤的，也不像是划伤的，倒像是皮肤长期泡在水中，导致皮肤变薄，露出了皮下红肉的样子。

“是不是你吃手吃的？”妈妈又问。

听妈妈这样说，思思连忙低下了头，另一只手将破了的手指紧紧攥了起来，说什么也不让妈妈再看一眼了。

望着思思躲避的眼神，妈妈知道严厉的阻止已经起不到作用了。等到思思睡着了，妈妈拿出了手机，开始上网查询“怎么才能帮助孩子戒掉吃手指的习惯”。网上的答案五花八门，有的说，孩子吃手不用管，长大了就好了；有的说，给孩子手上涂点辣椒粉，孩子辣了嘴就不会再吃手了；甚至还有的说，孩子吃一次打一次，打上几次就不会再吃了……

看来看去，思思妈妈觉得没有一种方法是靠谱的。

吃手指的行为，通常发生在孩子2岁以前，但也有一部分孩子，到了3岁，依旧有吃手的习惯，或者本来没有这样的行为，后来却忽然产生了。这时，吃手就不再是孩子成长期内正常的表现了，需要引起我们的重视。

因为吃手的行为会对孩子的牙齿和口腔发育带来严重的影响。比如：孩子一直用门牙来吃手，孩子就会出现牙齿突出、咬合问题及上颚发育问题等。如果 4 岁以后吃手问题仍没有得到很好的解决，那还会影响孩子的上下颌骨、肌肉形态，甚至会影响脸形。

通常，到了 3 岁，孩子还有吃手的行为，表明孩子可能有紧张和焦虑的情绪，需要通过吸吮来减少其内心的忧虑。

一些断奶过早的孩子，或者妈妈是个急性子，总被要求快快吃完奶的孩子，虽然他们的肚子饱了，但是心理却未得到满足，只能通过吃手来获取满足感。如果在成长过程中，父母再缺少对孩子的陪伴与关爱，那么吃手的行为就会变本加厉。

还有一些家庭因素，也会导致孩子产生吃手的行为，比如：父母感情不和，家庭氛围不和谐，或者是父母对孩子的管教不一致，让孩子无所适从。另外，更换了新的环境后，孩子也会出现吃手的行为，有的孩子刚上幼儿园时期也可能会出现这样的现象。

因此，作为父母，我们要给孩子提供足够的爱和温暖。在尽可能的情况下，一定要坚持母乳喂养，并且在喂哺时，心境要保持平和，不要给孩子造成压力。

在孩子成长的过程当中，不要让孩子独自一个人待着的时间太久，以免孩子感到无聊而把手放进嘴里，因而养成吸吮手指的习惯。当孩子有吸吮手指的倾向时，尽量把孩子的手指轻轻拿开，并用玩具或其他东西转移注意力。

平时要尽量让孩子的生活丰富起来，多陪伴宝宝说说话、做游戏、看书、讲故事等，当孩子的注意力被放到其他事情上，他们就忘了“吃手”这件事了。对于已经三四岁的孩子，他们已经能够听懂我们的话了，这时要经常给他们讲吮吸手指的害处，这样的行为与自己健康的关系等。

让孩子改掉“吃手”习惯，并不是一朝一夕的事情，因此我们不能操之过急。那些用苦味、辣味的东西涂在手指上，甚至于责怪打骂孩子等强制性的手段，除会使孩子产生自卑感和恐惧心理外，大多效果不佳。

打人、咬人，都是表达爱的方式

孩子的每一步成长，都会带给我们惊喜，但同时也会带来“惊吓”，比如很多孩子在成长过程中会出现爱打人、爱咬人的行为。这让很多家长烦恼不已，因为这不但会让我们在其他家长面前“没面子”，同时也会认为孩子染上了“恶习”。

晨晨 7 个月时的故事

晨晨7个月时长出了第一颗牙齿。有一天，妈妈给晨晨喂奶时，晨晨突然咬住了妈妈的乳头，妈妈疼得一下子叫出了声，连忙想将乳头从晨晨嘴里拔出来。可晨晨不但不松口，反而咬得更紧了。

情急之下，妈妈用力拍了晨晨的屁股一下，被拍疼的晨晨立刻张开嘴哭了起来。此时，妈妈的乳头已经被咬破了皮，疼得妈妈直掉眼泪。晨晨却不知道发生了什么，仍旧“哇哇”哭着。

“你还好意思哭？你看看你把妈妈都咬破了！”妈妈指着乳头让晨晨看。

晨晨却哭得更厉害了。

隔了没几天，晨晨妈妈在跟朋友聊天的时候，说到被晨晨咬疼的事情。朋友说，孩子咬乳头很常见，如果孩子下次再咬乳头，可以试着按住孩子的头部，使孩子的鼻孔被堵住，这样孩子无法呼吸，自然就松口了。

从这以后，很长一段时间内，晨晨都没有出现过咬人的情况。只有一次，晨晨在睡梦中喝奶时，咬住了妈妈的乳头。妈妈就按照朋友教的方式，轻轻地堵住了晨晨的鼻子。果然没一会儿，晨晨就松开了口。

妈妈本以为晨晨咬人的行为就这样消失了，没想到晨晨 1 岁多以后，又出现了咬人的行为，尤其是玩得高兴了，就会在人毫无防备之际咬人一口。晨晨有一次把妈妈的肩膀咬出了血，还把妈妈的衣服咬了一个洞。晨晨跟其他小朋友玩儿，有时玩儿得好好的，忽然照着小朋友的脸咬了一口，直接在小朋友的脸上留下了一排牙印。

心理学家认为，咬人（或物）和吸吮一样是人类最原始的本能。咬人的本能深深地埋藏在潜意识中，如有的成年人在激动的时候会咬嘴唇、指甲，思考问题的时候会咬笔头、橡皮，这都是咬人反射的表现。

对于孩子而言，咬人也是一种常见的现象，尤其在孩子长牙到3岁这段时间内，咬人的行为会时有发生。

有的孩子刚刚长牙时，经常会咬到妈妈的乳头，这是因为孩子对嘴里刚刚长出来的“新东西”还不太习惯，因此吃奶时会尝试着咬妈妈的乳头，试图摆脱自己的新牙。有时候，也是因为宝宝还没有得到满足，所以感觉妈妈的乳头要离开自己的嘴巴时，会下意识地用牙齿咬住乳头。

无论哪种情况，这个年龄段的孩子咬人并没有恶意。我们只需要用正确的方法阻止他们咬人的行为就可以了，可以堵住孩子的小鼻子，让他们因为呼吸不畅而张嘴；也可以将手指头插进乳头和孩子的牙床之间，让他们松口；也可以买一些牙胶或磨牙玩具，满足他们磨牙的需求。

当随着孩子年龄的增长，在与妈妈玩耍的过程中，他们也会出现咬人的行为。回忆一下，我们在和孩子玩儿的时候，是不是也有这种时候呢？经常吻孩子，甚至用牙齿轻轻地咬孩子，以此来表现对孩子的喜爱之情。孩子也是如此，这是他们对妈妈表达爱意的一种方式。

美国明尼苏达州大学教授朱迪恩·加勒德博士认为：“2岁宝宝习惯用嘴去感觉事物，这是他们了解外部世界的一种途径，也是他们自我放松的一种方式。”这只是孩子还不懂得用语言表达他们的生活感受，所以常常通过咬人这种方式来表达他们的兴奋和激动。

这种情况经常出现在孩子与同伴玩耍的时候，由于孩子不懂得如何与人交往，所以他们常常用推、拉、咬等非常手段来引起同伴的注意，以此实现交往和表达意愿的目的。

有的孩子，也会通过咬人来表达自己内心的不满之情，比如：有时父母外出，没有带宝宝一起出去，或者爸爸、妈妈忙于工作，很少回家，他就有一种不满的情绪要发泄。于是，当父母回家之后，他会用咬人来向爸爸、妈妈宣泄。

当孩子发生咬人的行为后，不要去责怪孩子，要迅速拉开他，并拥抱一下他，然后严肃地对他说："咬人是不对的行为。"并教会孩子正确表达情绪的方式，比如：开心的时候可以用拥抱的方式表达，不满的情绪可以通过语言来表达，跟小朋友在一起玩儿时，需要什么可以直接告诉对方，而不是用咬人的方式解决问题。

淘淘 2 岁时的故事

淘淘在小区里是远近闻名的"淘气包"，几乎每天妈妈带淘淘出去玩儿，都会以淘淘打哭了别人家的小孩儿收场。

有一次，妈妈带着淘淘到小区的广场上玩儿。小广场上有很多小孩儿在骑扭扭车，淘淘便也要骑。妈妈连忙回家把淘淘的扭扭车也拿了过来。淘淘立刻就加入小朋友们中，不一会儿，就与其中一个小男孩儿打得火热。

妈妈看淘淘找到了小伙伴，便放心地与其他家长聊起天来。结果不一会儿，就听到了有小朋友在哭，淘淘妈妈定睛一看，正是之前跟淘淘一起玩得的小孩儿。而此时淘淘正一脸无辜地站在小朋友旁边。原来，两个人玩得好好的，淘淘忽然一巴掌打了过去，打在了那个小孩儿的头上，小孩儿立刻哭了起来。

淘淘妈妈忙给小孩儿妈妈道歉，还好那小孩儿的妈妈并没有跟淘淘计较，只是拉着自己孩子的手离开了。淘淘呢，则被妈妈大骂了一顿，美好的心情也随之一扫而光。

还有一次，妈妈带着淘淘回姥姥家，正赶上淘淘的小表妹也在。小表妹长得软萌可爱，淘淘妈妈抱在怀里爱不释手，淘淘也十分喜欢小表妹，几次三番想要靠近小表妹。但是妈妈怕淘淘不知轻重，碰疼了小表妹，便总是将淘淘拉往一边，不让他碰到小表妹。

结果，妈妈刚把小表妹放到床上，就被淘淘钻了“空子”，一巴掌拍在了小表妹的脸上，随即又用手去捏小表妹的脸。小表妹被弄哭了。妈妈立刻把淘淘拉到一边，也用力捏了一下他的脸，淘淘当即疼得大哭了起来。

为此，妈妈感到很苦恼，她骂也骂了，打也打了，但淘淘就是改不了爱动手的习惯，再这样下去，淘淘妈妈真的害怕没有人愿意跟淘淘玩儿了。

面对孩子的打人行为，我们的第一反应往往都是阻止和训斥，有时还会责怪孩子没有礼貌，甚至还会“以其人之道还治其人之身”。因为在我们眼里，打人是没有礼貌的表现，这种错误行为必须纠正过来才对。

实际上，孩子爱打人，并不是孩子不学好，而是孩子进入了“打人”敏感期，孩子在 1 岁到 2 岁多时，很多父母发现，孩子会出现“暴力”倾向，比如：拍打爸爸妈妈的脸，或是使劲儿拉扯妈妈的头发，打其他小朋友，等等。

这些在我们看来“不好”的行为，其实是孩子表达爱的一种方式，也可能是孩子为了引起他人注意的一种方式。有时候，孩子在控制不住自己的情绪时，比如激动、生气等，也会出现打人的行为，但是无论如何，都不要给孩子贴上“爱打人”的标签。

一来，如果孩子打人时，我们的反应很激烈，那么孩子就会错误地认为这是能够引起父母注意的方式，所以下一次想要引起我们的关注时，仍旧会选择打人这样的方式。二来，孩子也会从我们的行为中，学习到处理问题的方式。如果孩子打人了，我们又打了他，那就等于在告诉孩子，打人可以解决问题。当他和小伙伴产生矛盾时，他也会选择打人的方式去解决。

因此，面对孩子在敏感期出现的打人问题，我们首先教给孩子正确表达爱的方式，然后在生活中，要给予孩子足够的关注。孩子出现打人的行为后，不要随便给孩子“扣帽子”，逢人就讲孩子“爱打人”，这样只会加重孩子“爱打人”的问题。

最后，在生活当中，尽量避免让孩子看到一些“暴力”的场面，比如：动画片中打打杀杀的画面，或是电视剧中打人的场面，因为，很多孩子的打人行为，都是通过“学习”得来的。

经过我们的耐心教导和正面的示范，孩子“爱打人”的行为很快就会消失不见的。

水和沙子是最有魅力的“玩具”

当孩子经历过爬行的阶段，开始站立，行走后，他们的双手被解脱了出来，解脱出来的双手会干些什么呢？当然是探索了！他们会用双手这里碰碰，那里摸摸，去感受每一种物品触感的不同之处。在这期间，孩子会对摸起来滑溜溜、软绵绵、黏糊糊的东西产生极大的兴趣。

琪琪 1 岁半时的故事

有人说：“超市是最佳的早教场所。”所以，琪琪妈很喜欢带着琪琪一边逛超市，一边教给琪琪认识各种各样的东西。这天，琪琪妈又带着琪琪去逛超市，在蔬菜区域，琪琪妈停了下来，准备采购一些蔬菜。琪琪就像往常一样，乖乖地坐在购物车里。

忽然，琪琪妈听到一个声音说道："哎呀，这是谁家孩子呀？家长管一管啊，把我们刚包好的蛋糕都捏坏了。"

琪琪妈抬起头一看，琪琪正一脸无辜地看着她，手上还残留着捏碎的蛋糕屑。看到自己家的孩子闯了祸，琪琪妈连忙向售货员道歉，并购买了那盒被琪琪捏坏的蛋糕。然后对琪琪说："咱们没有买的东西，不可以随便用手去碰的。"

也不知道琪琪是否听懂了妈妈的话，她只是看着妈妈手里的蛋糕，一个劲儿地喊："琪琪拿，琪琪拿。"

琪琪妈只好把蛋糕放到了琪琪的手里。等到琪琪妈买好了蔬菜再看琪琪时，她已经把蛋糕外面那层保鲜膜抠出了一个大窟窿，里面的蛋糕也被捏得粉碎。琪琪似乎对自己的"作品"十分得意，看到妈妈在看她，立刻举起了手中的蛋糕。

虽然不赞成浪费食物，但是琪琪妈并没有因此而批评琪琪，因为琪琪妈发现，最近这段时间，琪琪总是喜欢捏一些软软的东西。就在这之前的两天里，琪琪还趁着家人不注意，到厨房里的橱柜里，拿出来鸡蛋，然后在地上边磕边玩，弄了一身黏黏糊糊的鸡蛋液。

但是在此之前，琪琪却很怕那些摸起来软软的或者是黏黏的东西。琪琪妈意识到，这可能是琪琪的又一次成长。

孩子喜欢捏、抓、扔，说明孩子到了触感发育的敏感期。这个时期的他们，喜欢手感摸起来软乎乎的东西，比如奶油、香蕉、鸡蛋……他们也喜欢把家里的柜子逐个打开，将里面的东西翻出来，全部扔到地上。

总之，这时候的他们看起来就像是一个“小恶魔”，无时无刻不在到处作乱。实际上，孩子本身并没有意识到自己在“捣乱”，他们只是在探索。在感官敏感期内，孩子的双手不仅仅局限于活动之中，还有着开发大脑智力的目标。如果我们在这个时候，总是对孩子说，“这个不许捏”“那个不许碰”“不要翻抽屉”“不可以扔东西”……那就等于在给孩子的成长道路设置障碍，剥夺了他们用手的自由，同时也会影响他们认识周围的世界。

正确的做法是给孩子准备一些软软的可以捏着玩儿的玩具，比如彩泥、轻黏土等。如果担心这些物品会对孩子造成伤害，那么家里食用的面团、果酱、香蕉等，也可以满足孩子手部发育的需求。

妞妞 3 岁前的故事

妞妞 3 岁的时候，妈妈带妞妞到乡下去玩儿。走在乡间的小路上时，妞妞忽然想要小便。妈妈左右寻找，也没有发现附近有厕所，便找了一个隐蔽的地方，跟妞妞说：“这附近没有厕所，妈妈给你挡着点，你就在这里方便吧。”

妞妞倒是很听话，但是方便完以后，却怎么也不愿意起来。原来，她在方便的时候，从地上捡了一根小木棍，此时正拿着木棍“和尿泥”玩儿呢！

妞妞妈见状，一脸嫌弃地说：“哎呀，太恶心了，你可是个小姑娘，怎么能玩儿这么恶心的东西呢？”妞妞妈边说，边打算用力将妞妞抱起来。

可妞妞正玩儿得高兴，说什么也不愿意起来，“不嘛，不嘛，我在做饭呢！我还没做完呢！”

妞妞妈只好承诺道：“我们回去玩儿好不好？回去和泥做饭。”

“不要，家里没有泥，你也不让我在家里玩水。”妞妞根本不相信妈妈说的话。

妞妞妈妈再三承诺一定会说话算数，妞妞这才不情不愿地跟着妈妈一起离开了。一回到家就开始催着妈妈给她准备泥和水，妞妞妈妈只好到建筑公司挖了点沙子回来，倒在了自家的车库里，还打了满满一桶水。妞妞高高兴兴地玩了大半天，最后肚子饿了才依依不舍地进了家门，临进门前，还再三嘱咐妈妈：“千万不要把沙子扔了，我明天还要继续玩儿呢！”

妞妞妈虽然不情愿，却还是答应了妞妞。在妞妞妈看来，女孩子应该干干净净的，而不是整天和泥土打交道。而且妞妞妈不能理解，家里玩具都能摞成山了，为什么偏偏要玩儿沙子和水呢？

相信很多家长在育儿过程中，都发现了这个有意思的现象：无论多么昂贵的玩具，都没有水和沙子对孩子更具有吸引力；无论多么新鲜的玩具，孩子的热情顶多保持一个星期，但是对水和沙子的热情，却一直都不减不退。因为，沙子和水是大自然赐予孩子最好的礼物，任何一种玩具都无法与之相媲美。

这一切皆是因为孩子在触感发育的敏感期内，喜欢抓软软的、细细的东西，而沙子和水的质地，正合孩子的心意。并且沙子和水，都可以“流动”，可塑性很强，变化无常又特别容易被掌握，玩法不计其数，从很大程度上满足了孩子的想象力和创造力的需要，也会带给孩子巨大的空间感和流动感。相比较之下，每种玩具都是出自人之手，而人的想象力有限，发明出的玩具自然也无法与大自然中自然形成的水和沙子相提并论。

在大人看来，玩沙、玩水很简单，但对于孩子的意义却非同一般。我们可以利用这样的机会，培养孩子的专注力。当孩子专心于玩沙子和水时，不要打扰孩子，更不要干涉孩子，要给他们玩沙和玩水的自由。当孩子处在一个自由的环境中进行自我创造时，他们的专注力十分高，经常玩儿的话，就能够保持高度专注力，渐渐就可以养成专注的品质。

对于有的家长会担心水和沙子不够卫生的问题，这个很好解决，给孩子勤洗手，并且在玩的过程中谨防孩子把手放进嘴里就可以了。毕竟手和衣服脏了可以再洗，但是孩子的天性失去了，就再也找不回了。

第四章

1-4 岁，捕捉儿童的动作敏感期

蒙台梭利指出，孩子从出生到 4 岁，是其动作发展的敏感期。在这一时期，孩子喜欢活动，并逐渐从不自由、需要帮助的状态中解脱出来。

孩子的动作包括身体运动和手的动作两个方面，身体动作的敏感期常发生在孩子 1~2 岁时，以孩子学习走路为代表，一旦孩子学会了走路，就进入了活泼好动的时期。手部动作的敏感期，在孩子的 1~3 岁这个阶段，孩子的大脑初步发育后，手部的各种动作也开始跟着发展。

孩子在动作敏感期内熟练掌握某一动作，对孩子的身体、精神的正常发展都有所帮助。因为手的动作连接着大脑，可以刺激大脑发育，而大脑反过来又支配手的动作使之更加熟练，就像互帮互助的两个朋友。而身体运动和手部的动作共同配合大脑的支配，形成了几个朋友相互帮助学习的过程。

同时，在孩子动作敏感期对孩子进行动作训练，对孩子人格的形成也有影响，并持续影响以后的发展。

孩子这些“恶魔”般的行为需要支持

孩子会走以后，很多家长发现，孩子好像忽然间变得淘气了，一不注意就会惹出一些“麻烦”来，不是爬上了高高的桌子，就是把抽屉里的东西都翻出来扔得到处都是，要么就是像个小陀螺一样跑来跑去……总之，他们没有一刻是停歇的。

琪琪 1 岁半时的故事

自从琪琪会走路以后，就不再愿意让妈妈抱着了，她更喜欢自己到处走来走去。看着走路还有些摇摇晃晃的琪琪，妈妈总是有些不放心，无论琪琪走到哪里，妈妈都跟在后面。

这天，琪琪走进了厨房，远远地就看到了餐桌上放着的大苹果，于是便想拿来吃。可是琪琪还没有餐桌高，妈妈正想过去帮忙，却看到琪琪仿佛在自己想办法。只见她先是踮起脚尖拿苹果，然而脚尖已经踮到了极限，小手也没有摸到苹果。

琪琪一招不成又生一计，只见她走到了餐椅旁边，整个上身趴到了椅子上，然后双手抓住椅子的边缘，一条腿使劲儿向上蹬，另一条腿翘了起来，试图找到着力点。可是因为腿太短了，怎么也爬不上去。那样子，就像是一只笨拙的小熊猫。

这时，妈妈悄悄地走到了琪琪的身后，拿过来一个小凳子，放在了琪琪的脚边，然后对琪琪说："琪琪，你可以试着踩着小凳子上去。"琪琪试着将一只脚踩在了小凳子上，很顺利就爬上了餐椅，不一会儿，她就拿到了大苹果。

拿着自己的"战利品"，琪琪向妈妈露出了"胜利"的笑容。妈妈十分庆幸自己没有在第一时间伸出援手，而是在琪琪遇到困难时伸出"援手"。事后，妈妈给琪琪上了一课，告诉琪琪什么样的凳子具有稳定性可以踩，什么样的凳子不具有稳定性不可以踩。

从那以后，琪琪想要去拿拿不到的东西时，都会去寻找小凳子，而且她会挑选四条腿不会动的那种小凳子。家里有一个带轮子的小凳子，琪琪从来都不会踩在上面，因为妈妈告诉她："有轮子的凳子不稳定，踩上去容易摔下来。"

蒙台梭利认为，处于动作敏感期的儿童具有动作发展的需求。他们需要行走，以显示他们自身已具备的能量。琪琪此时就处在这个阶段，她迫切地想要脱离开父母，独自去这个"世界"中闯一闯。这个年龄的孩子，对爬楼梯、爬高、爬窗台等会非常感兴趣，当他们爬高的能力得到一定的发展后，爬高就会变成从高处往下跳，以此来感知自己周围的空间。

诚然，爬高和从高处往下跳这样的动作具有一定的危险性，但也不要认为孩子很"脆弱"，就把他们禁锢在围栏里，或者时时刻刻抱在手里，生怕他们摔倒碰着。而要在保证安全的情况下，尽量让孩子去尝试，孩子喜欢爬高，那就在他们需要帮助的时候，及时伸出"援手"，有条件的话，还可以在家里给孩子装上攀爬架。孩子喜欢从高处往下跳，那就在窗台下给他们垫上厚厚的垫子。

孩子的某些能力必须在特定的时期和适宜的环境中获得发展，否则就会失去发展的可能。实际上，两岁的孩子已经具备自我保护的意识了，我们应提供给孩子充分运动的环境，使其肢体动作发展得准确、熟练，以此来促进孩子左、右脑的均衡发展。

淘淘 2 岁左右时的故事

自从淘淘会走路以后，就变得越来越淘气了。

中午，妈妈把做好的饭端到了淘淘面前，然后将小勺子放到淘淘手边，锻炼淘淘自己吃东西。结果淘淘吃了没有两口，就把勺子扔到了地上。妈妈以为淘淘是因为没拿稳，不小心把勺子掉到了地上。于是连忙捡起来帮淘淘洗干净，再次放到淘淘手中，结果淘淘再一次将勺子扔到了地上。无奈之下，妈妈只好喂淘淘吃饭了。但这并未解决淘淘扔东西的问题，转眼间，淘淘就把餐盘扔到了地上，餐盘里的食物撒了一地，气得妈妈吓唬淘淘道："再乱扔东西，就不给你吃饭了。"

晚上，妈妈帮淘淘洗完澡，就把淘淘放在了床上，然后去收拾浴室。等妈妈从浴室出来时，发现淘淘不在床上了。然后听到餐厅传来淘淘叫"妈妈"的声音。妈妈三步并作两步跑到餐厅，眼前的一幕气得淘淘妈妈恨不得把淘淘抓起来打一顿。只见淘淘光着小屁股坐在地上，身上、地上全是洒落的奶粉，同时他还在兴奋地从奶粉罐里抓出奶粉，飞洒在地上。

于是，刚刚洗完澡的淘淘又洗了一遍。终于，淘淘睡着了，看着睡梦中的小人儿，淘淘妈妈忍不住感叹：“还是睡着了最乖。”

2岁，常常被称作“恶魔般的2岁”，因为这个年龄段的孩子，无时无刻不在挑战着家长那根脆弱的神经。他们喜欢抓东西，哪怕这个东西是烫手的，或是扎手的，只要出现在他们视线里，他们都试着抓一抓，这是他们在通过这样的方式去感受手的功能。

随着手的功能不断被开发出来，孩子很快就会发现，手不但可以将东西抓起来，还可以将东西扔出去。反复地拿起、扔出，就是孩子在不断体验手的新功能。

既然这个年龄段的孩子喜欢扔东西，那我们就将一些不怕摔、摔不坏的东西放心大胆地交给孩子，让他去扔。因为这期间可以很好地锻炼孩子的手眼协调能力，满足他们探索不同东西掉在地上发出不同声音的欲望。

晨晨2岁时的故事

早晨一起床，晨晨就穿着小背心和纸尿裤在床上撒欢儿。妈妈喊了几次：“晨晨来穿衣服，不然一会儿冻感冒了。”晨晨就像是没有听到一样，仍旧在床上转来转去。

“晨晨，别转了，一会儿转晕了，该摔跤了。”妈妈说。晨晨对妈妈的话丝毫不理睬，仍旧一圈一圈地转着。妈妈只好伸手去抓晨晨，晨晨一看妈妈要抓他，以为妈妈在跟他玩儿，迅速跑开了，然后在妈妈抓不到的地方，继续转圈圈。

“那你转吧，妈妈不管你了。”妈妈佯装生气，转身欲离开。忽然“哐当”一声，晨晨从床上掉到了地上，头上瞬间就被磕起了一个紫色的大包，疼得晨晨哭得上气不接下气。

摔了一下，晨晨老实了一会儿，妈妈给晨晨穿好衣服，带晨晨去市场买菜。走到路上时，妈妈碰到了熟人，便停下来聊了几句。晨晨等了半天，不见妈妈走，便围着妈妈转起圈来。本来妈妈跟熟人站在一起，结果晨晨一转圈，熟人就不得不向后退了两步。等晨晨转过去了，熟人再往前走两步，结果一会儿晨晨又转过来了，熟人不得不再往后退两步。

妈妈见状，一把拉住晨晨，批评道：“不要转了，妈妈跟阿姨说话呢，你不要捣乱。是不是忘了早晨摔地上的事了？”

被骂了一顿的晨晨，委屈地站在一边。

不管是抓、爬、扔、转，还是跑、跳，对孩子而言，他们只是在训练自己的动作，并非有意给家长添乱。因此，给这个阶段的孩子讲道理，甚至是打骂他们，都是没有用的，反而还会起到相反的效果。

蒙台梭利曾说过："运动除增强体质以外，对心理发展本身也起着十分重要的作用。"孩子喜欢转圈，不仅有利于他们运动细胞的发育，提高他们的平衡性和协调性，同时对大脑的发育也是一种刺激，对将来孩子的阅读能力和写作能力有很大的帮助。

同时，旋转可以让孩子发现自己生活在一个自由的空间里，有助于他们形成空间的概念。所以，如果孩子到了喜欢旋转的阶段，那么我们要做的，就是为孩子提供一个安全的空间供孩子去旋转。可以将有边边角角的桌子搬开，或是在边边角角上贴上防撞条，也可以在床的四周安装围栏，以防孩子在床上旋转时掉到地上。

插、拔、剪，有利于手部精细动作的发展

刚出生的小宝宝，他们的小手总是握成小拳头的样子，那个时候，我们若是想让他们的小手完全张开，可不是一件容易的事。但随着宝宝的成长，我们会发现孩子的小手可以自如地握拳和张开了，然后他们可以抓东西了。渐渐地，他们又会给别人拿东西了。

苏联教育学家苏霍姆林斯基说过："儿童的智慧在他的手指

上。”这话一点儿也不假，有研究表明：父母经常带着孩子做多种精细动作游戏，孩子的精细动作发育明显高于做精细动作游戏少的孩子。

与其他器官发育一样，在孩子的动作敏感期内，手部精细动作的训练，不但能让孩子手巧，而且还能让他们的脑部得到锻炼，发育得更快更好。

妞妞 1 岁以前的故事

妞妞2个多月时，小脑袋就已经能够支棱着昂起来了。每当有人夸妞妞是个健壮的小孩儿时，妞妞妈妈总说：“这得感谢月嫂阿姨。”因为妞妞出生没几天，月嫂阿姨就开始对妞妞进行“训练”了，每天都会帮助妞妞做健身操，活动妞妞的小胳膊小腿，然后还会让妞妞趴过去，练习抬头。

在月嫂阿姨的训练下，妈妈在月子里时，妞妞的小脑袋就能抬得很高了。等到妞妞3个月时，妈妈抱她时，妞妞就不再满足于躺在妈妈怀抱里了，她总是扭动着小身子想要立起来。这时，妈妈就会将妞妞竖着抱起来。这天，妈妈抱着妞妞站在卧室门前跟爸爸说话，忽然感觉怀里的妞妞兴奋起来。妈妈回过头一看，妞妞手里正拽着珠帘上的一颗珠子，兴奋得小腿直蹬呢！

原来，妞妞想要抓这个珠帘上的珠子不是一两天的事了，只是之前每次妞妞都抓不住，小手总是跟珠帘错过。今天她趁着爸爸妈妈说话的工夫，不知道尝试了多少次，总算将珠帘抓到了手里，所以兴奋得不得了。

后来，顺利地抓到珠帘上的珠子，对妞妞而言就成了一件十分简单的事情。妞妞对此也渐渐失去了兴趣，转而被其他事物吸引住了。比如：有那么一段时间，妞妞总是把糖果从罐子里拿出来，然后再放进去，再拿出来，再放进去，如此反复，并乐在其中。

孩子的动作发展受先天因素的制约，即孩子的体质和基因，比如：有的孩子 9 个月左右就可以自主行走，而有的孩子 1 岁半才能行走。而后天因素对孩子动作发展的影响更甚，所以现在的家长很注重孩子的早期教育。

妞妞从出生起，就做“被动操”，这对妞妞的身体发育起到了很大的促进作用。通常，从 3 个月起，宝宝开始了一种不随意的手部抚摸动作，经常无意地抚摸被褥、亲人或玩具。到 5 个月左右，就开始发展起自主随意的抓握动作。6 个月时，宝宝能够学会拇指和其余四指对立的抓握动作。

7 个月大小的宝宝就可以用拇指和其他手指去抓取较小的物体了。这时候，可以让宝宝坐在餐椅里，在面前放两个盘子，其中一个盘子里放一些小馒头或小饼干之类的安全零食，然后我们引导宝宝将小馒头从一个盘子捡到另一个盘子里，或者用食指和拇指捏住小馒头放进嘴里。

10 个月以上的宝宝喜欢敲敲打打，这时候可以给孩子准备一个拍拍鼓，训练宝宝敲打目标的准确性。在这个过程当中，孩子的抓握能力、手眼协调能力和认知能力都将得到发展，并开始对力量有所感知。

对孩子精细动作的训练不但能让宝宝手巧，而且能让他的脑部得到锻炼，发育得更快更好。需要注意的是，因为这个阶段的孩子年龄较小，对事物没有分辨能力，尤其是到了出牙以及口腔敏感期，孩子喜欢把拿到的物品放进嘴里，所以要小心误吞事件的发生。同时，也要注意玩具和孩子的手都要洗干净。

另外，在这个阶段内，孩子还没有表现出左手或右手的偏好，因此同时训练左右手更有利于大脑发育。

晨晨 2 岁时的故事

妈妈给晨晨拿了一罐酸奶，然后打开电视机，让晨晨自己坐在客厅看电视、喝酸奶，然后妈妈去厨房做饭。

晨晨也很乖，一直坐在客厅里看电视，没有去厨房给妈妈捣乱。妈妈做完饭来到客厅叫晨晨吃饭，才发现了晨晨乖巧的原因。

原来晨晨将酸奶的管子拔了出来，然后将盒子里的酸奶倒了一地。此时，晨晨正拿着纸巾，在酸奶上“画画”呢！看着一地的狼藉，想到接下来几天，地面都要因为有糖分而粘脚，妈妈又生气又无奈。

“妈妈跟你说过多少次了，酸奶的管子不要拔出来，这样很容易洒出来。你看，现在就洒出来了吧，妈妈又要打扫。”妈妈忍不住对着晨晨抱怨了起来，晨晨最近总是犯这样的错误，喝酸奶时总是喜欢把管子拿出来，过一会儿还要再插进去。妈妈跟晨晨说了很多遍，管子不可以拔出来，酸奶会洒，管子会脏掉，但是晨晨似乎总是记不住。

晚上，晨晨又趁妈妈不注意，给妈妈的手机充上了电。想到晨晨去插座上插插头的样子，妈妈就后怕不已。

很多时候，孩子的行为与父母的认知之间，隔着十万八千里的距离。就像是晨晨总是将酸奶管子拔出来的行为，在妈妈看来，这是晨晨不听话的表现，但是这只是晨晨到了对带孔的东西感兴趣的阶段。

孩子两三岁时，已经具备了一些空间感，他们会通过手去探索空间。尤其是对于一些带孔的东西，比如井盖、带孔的椅子、插座、插管……当孩子能够准确地将小手伸到井盖上的小孔里，能够将插头插到插座里，能够将小球球放到椅子上的小孔里，能够将吸管拔出来，再插进去时，作为父母，我们应该感到高兴，因为这说明孩子的小手已经具备了足够的灵活性。孩子就是通过不断地重复这些看似简单的动作，来构建手的组装能力的。

蒙台梭利曾说过："有两样东西与人的智慧密切相关，一个是舌头（口欲期），另一个就是手。"孩子在用手进行插拔、盖盖子这样的动作时，既探索了空间关系，也锻炼了他们手部的动作能力，同时增强了他们的手眼协调能力，对孩子手部小肌肉的发育，有着十分积极的促进作用。

因此，在孩子手部动作发展的敏感期内，我们要尽量给孩子提供锻炼手部动作的机会，比如：将开门前插钥匙的任务交给孩子，让孩子自己盖瓶盖，或是找一个废旧的插座，教给孩子如何正确地插插座。

这个期间，与其抱怨孩子爱捣乱不听话，不如对孩子进行有效的引导；否则，说不定哪天孩子就会把牙签塞进锁孔里了。

琪琪 3 岁时的故事

这天，妈妈取了很多快递回来，放到家里后，还来不及拆开，就有人打了电话过来。妈妈只好先去接电话了。

琪琪看着快递的盒子，十分好奇里面都装了些什么。她试图用手将快递盒子打开，但是盒子被胶带粘得死死的，琪琪用上了牙齿，也没能将盒子打开。忽然，琪琪想到了每次妈妈拆快递的时候，都会用小刀划一下。

可是，琪琪打开了抽屉，翻了半天后，也没有找到小刀在哪里，倒是一把剪刀出现在了琪琪面前。琪琪认识剪刀，剪刀也很厉害，能够剪开胶带。于是琪琪便拿着剪刀去拆快递了，她没想到的是，胶带表面太滑了，剪刀在上面直打滑。琪琪一用力，眼看剪刀就要戳到琪琪的脸了，妈妈及时出现，一把拿过了剪刀。

虽然琪琪的行为很危险，但是妈妈却没有批评琪琪，而是当着琪琪的面，演示了剪刀的用法，并对琪琪说：“这把剪刀太大了，宝宝拿不好。等妈妈给你买一把小剪刀，给宝宝用好不好？”

“好！”琪琪高兴地回答道。

第二天，妈妈就给琪琪买了一把漂亮的小剪刀，剪刀的边缘都被塑料包裹着，剪刀的头部是钝钝的圆角，不会戳伤宝宝。同时，妈妈还买了许多漂亮的剪纸，跟琪琪剪了一下午纸。虽然琪琪对剪刀的运用还不熟练，但是看着自己剪出来那些不规则的图案，琪琪觉得骄傲极了。

孩子在3岁左右的时候，他们会特别喜欢做一些剪、贴、涂这样的动作，而且他们十分热衷于使用工具。但是最开始，他们对工具的使用并不熟练，导致他们做出来的东西全部都是“四不像”，与其说他们在做手工，不如说他们更像是在“搞破坏”。

但是随着手部动作的发育，他们就会做得越来越像样了。我们需要注意的是，这期间，孩子还不太注重美感，他们更享受的是剪、贴、涂的过程。这时，纸就成为非常好的“玩具”之一。

纸的玩法多种多样，可以撕纸，还可以剪纸、折纸、贴纸、搓纸等。可以多准备一些洁净的彩纸，让孩子撕一撕、搓一搓、剪一剪。这个过程，不仅锻炼孩子手部精细动作，还有利于提高小肌肉力量，提高幼儿的艺术审美能力。

有些孩子的这个敏感期可能会滞后，或是错过，但是只要在6岁之前，家长能够进行有效的引导，那么就有机会弥补上这片空白。

垒高和捉迷藏，是孩子最爱的游戏

每个孩子的成长过程都不尽相同，但是他们来到这个世界上的方式却是一样的，都是从子宫掉落到一个大空间之中。因此，每个孩子出生后的第一件事就是体验空间概念，他们使用自己的身体，并超越自己的身体去探索这个物质世界，这样才能将自我与现实的物质世界完美地结合在一起。而垒高和捉迷藏的游戏，就是孩子们积极主动去思考探索空间奥秘的行为。

妞妞 3 岁时的故事

一天晚上，妈妈正在哄妞妞睡觉，妞妞忽然说："妈妈我渴了。"妈妈听了，无奈地坐起了身子。最近妞妞总是这样，一到睡觉的时候，不是要喝水，就是要尿尿。

等妈妈从客厅端了水回来时，妞妞竟然不见了。这可把妈妈吓了一跳，明明没有看见妞妞跟着出去呀？人为什么会不在床上了呢？在卧室里扫视了一圈后，妈妈找到了答案。妞妞躲到了窗帘后面，不过她只藏住了上半身，下半身还露在窗帘外面呢！看着妞妞藏得那么认真，妈妈忍着笑演起了戏。

"咦？妞妞去哪了呀？是不是被大灰狼抓跑了呀？"妈妈故意

很担心地说。

果然，听到妈妈话的妞妞藏不住了，她一把拉开窗帘，说：“嘿，妈妈，我在这儿呢！我没有被大灰狼抓跑。”说完，手脚并用地爬上了床，喝了妈妈拿来的水后，心满意足地睡着了。

妞妞妈妈发现，最近妞妞总是特别爱玩捉迷藏。她会钻进柜子里，然后说：“妈妈，你给我关上门，然后出去找我。”还会在藏好了以后，妈妈刚一叫她的名字，她就从藏好的地方钻了出来。

妈妈虽然跟妞妞说了很多次：“捉迷藏的时候，别人没有找到你时，你千万不要出来。”但是妞妞似乎总是记不住，但是却又乐此不疲。

孩子 2 岁以后，会对“捉迷藏”这个游戏十分感兴趣。而在此之前，他们对此完全不在意，有的孩子还会因为不适应捉迷藏时的气氛而感到害怕。这是因为，孩子对于空间又取得了更进一步的认知。

在此之前，通过孩子的观察与学习，他们知道了一个有形的空间可以容纳一些物品。但是随着他们对空间的探索，他们发现，某个空间不但可以容纳东西，还可以容纳人。这个发现会让他们感到兴奋不已，他们会不厌其烦地去尝试，利用自己的身体去感知这个神奇的发现。

因此，我们可以投其所好，在家里给孩子准备一些可以藏身的地方，比如：用纸盒子搭建一个小房子，或是做顶小帐篷等，孩子会非常喜欢钻进去玩儿。这种从大空间进入小空间，再从小空间进入大空间的感受，会让他们在感受到无穷乐趣的同时，锻炼肢体动作的灵活性和协调性。

同时，捉迷藏的游戏还能够让孩子在玩儿的过程中，获得各种方位的概念。随着孩子年龄的增长，孩子对游戏规则的掌握会越来越多。对于妞妞这个年龄段的孩子来说，玩捉迷藏的乐趣就在于“被找到”。如果藏起来一直没有人找他，则会打击他们玩游戏的积极性。

晨晨 3 岁时的故事

自从手眼协调能力越来越好后，晨晨对搭积木的兴趣也越来越高。这天，妈妈陪着晨晨一起搭积木，只见妈妈将积木一块一块地摞在一起，很快就垒成了一座“高塔”。

妈妈正准备向晨晨“炫耀”，顺便告诉晨晨搭高的诀窍。结果，晨晨只是短暂地“哇哦”了一声，然后伸出小手一点，“哗啦”一声，“高塔”轰然倒塌。

“耶！”看着散落一地的积木，晨晨高兴地拍手。

“妈妈摆高高，妈妈摆高高。”随后，晨晨又“命令”妈妈道。

妈妈只好照做，同时一边搭一边说：“这一次别推倒了哦。”

可是妈妈的话音刚落，晨晨的小手再一次伸了过来，还没有搭好的“高塔”再次倒塌。

晨晨的反应和上一次一模一样。

“晨晨，你太淘气了。这一次妈妈不搭了，换晨晨搭。”妈妈将积木往晨晨面前一推说道。

晨晨只好学着妈妈的样子自己搭了起来，只是还没有搭几块儿，晨晨就迫不及待地将积木推倒了，然后看着被推倒的作品拍手叫好。

没过几天，晨晨就不仅仅满足于对积木的“垒高”行为了，家里东西在他眼里都成了“积木”。吃饭时，妈妈把碗放在桌子上摆好，可还没过两分钟，就被晨晨摞了起来。有时候，晨晨还会把柜子里的被子衣服等都折腾出来，然后一件一件地往高摞，摞成“山”后，他便高高地坐在上面看电视。

在以物质形态存在的世界，事物是以时间和空间来确定位置的，而建立时间和空间的感觉，是孩子出生起就开始的工作。从最初的一维空间，到后来的二维空间，再到发现三维空间，都需要孩子通过自己的方式进行探索。

孩子在 3 岁到 4 岁这个阶段，会表现出一种爱好——垒高。在 1 岁左右的时候，孩子也会做出垒高后并推倒的行为，并在父母的笑声中重复该行为。但是在此期间，孩子更在意父母的反应，也就是说，父母的反应决定了孩子是否愿意继续这个行为。到了三四岁时，孩子的垒高行为更偏重他们自己内心的感受，即不管父母是否关注他们的行为，都无法影响他们对这一项行为表现出极大的兴趣。

在不断垒高并推倒的过程当中，孩子始终保持着积极主动的思维，并且逐渐形成一种三维的空间感，这对孩子的视觉、触觉、想象力和创造力的发展，都起着十分积极的推动作用。

同时，在拿起物品并垒高的过程中，孩子的肌肉也能够得到良好的锻炼，手、眼、脑三者之间的配合也变得更加协调。

因此，面对孩子垒高的行为，我们不要禁止。或许对于我们来说，每种物品都有特定的用途，被子就是用来遮盖身体的，饭碗就是用来吃饭的，但是在三四岁的孩子眼中，这些物品还有另一个“功能”，那就是垒高。

我们只需要在孩子垒高的过程当中，趁机让孩子了解更多的空间概念就好，比如：引导孩子去思考，为什么积木没有垒多高就倒了呢？是不是该把最大的放在下面呢？如何摆才能保证垒高的物品保持平衡呢？

哪里不平走哪里，哪里脏乱走哪里

七八个月大小的孩子，就已经开始具备“走”的意识了，他们会经常借助围栏、桌子等，实现“行走”的目的。在行走敏感期的孩子，不再留恋妈妈的温暖怀抱，也拒绝总是坐在一个地方，他们每天都迫切地想要使用自己增长的“新功能”去探索周围的世界。

等到孩子的行走能力得到进一步发展后，他们就对平坦的地方失去了兴趣，转而去挑战行走难度更大的地方。

思思 1 岁左右时的故事

思思刚刚学会走路的时候还走不太稳，却对楼梯表现出了极大的兴趣。

有一次，妈妈带思思到商场里买东西，第一次乘坐手扶梯的思思感到十分有意思，全程都要自己站立，然后坐了一遍不行，还要再坐第二遍。那天，妈妈总共带着思思坐了五遍手扶梯。

从那以后，每次回家上楼，思思都要自己爬楼梯，说什么也不让妈妈抱着上楼，而且还特别喜欢走小区里的一段城墙。在小区的花园里，有一段作为隔断的假城墙，城墙顶上凹凸不平，可偏偏思思就爱在那上面走，一会儿上去，一会儿下来，每次都要走个三四遍，直到妈妈累得不愿意再扶着她为止。

令思思妈妈感到不解的是，小区的孩子们似乎都对这堵墙“情有独钟”，而且其中大部分都跟思思差不多大小。有时候，思思要想从这堵墙上走一遍，还得排一会儿“队”呢。

蒙台梭利说：“走，是孩子的第二次诞生！”当孩子独立迈出第一步时，就预示着他们与我们的又一次分离到了。第一次分离是孩子脐带被剪断的那一刻。

孩子的身体发育遵循着由上而下、由中心到末梢的顺序，即：头部最先发育，然后是躯干、上肢，最后才是下肢。因此，孩子最早使用的“工具”是手，他们的手要比自己的脚灵活很多，因此，在孩子最初学习走楼梯的时候，手起到了非常大的作用。最初上楼时，他们要通过手来感知一下楼梯的高度，会在确保自己安全的前提下才敢把自己的脚放上去，下楼时也是如此。

但这个阶段十分短暂，他们很快就能够不再依靠自己的手，完全利用双脚来完成上下楼梯的动作，这时孩子就完全体会到了脚步的力量和作用。这会给他们带来全新的感受，他们从通过手认识空间，变成了用脚来感知周围的空间和道路。此时，我们只有让孩子的脚在空间里自由活动，才能将孩子脚部的潜能充分激发出来，

孩子 1~2 岁时，我们经常会看到孩子喜欢走一些高低不平的道路，或者是台阶，或者是楼梯，或者是公园里高高的道路。在这期间，孩子还需要借助大人的搀扶，才能够顺利地从这些高低不平的道路上行走。

当孩子 2 岁的时候，他们脚部的功能就已经完全被激发了，他

们会十分渴望用脚来探索和丈量身边的道路。而最好的方式，就是不停地走，重复来回地走台阶或者是楼梯。

这些在我们大人看来十分无趣的行为，对孩子而言，却是莫大的乐趣，因此，我们只要保障好孩子的安全就可以了，其他的什么都不必做。

妞妞 1 岁半时的故事

妈妈给妞妞买了一双新鞋子，闪亮亮的颜色，上面有一个凯蒂猫的图案。妞妞很喜欢新鞋子，逢人就伸出脚来，让别人看她的新鞋。

妈妈看着妞妞那副得意的样子，便忍不住提醒她，说："妞妞，这是新鞋子哦，不要穿脏了。"妞妞听了妈妈的话，乖乖地点了点头。可是转眼间，妞妞就走到了旁边的土路上，一脚踢飞了一块小石头，妈妈赶紧将妞妞拉了回来。

可是没走多久，前面就出现了一个小水洼，妈妈还没反应过来，妞妞就已经跑到水洼边踩水花玩儿了。新买的鞋子上面又是土又是水。妈妈很生气地一把把妞妞抱了起来，一路上都不准妞妞再下来自己走了。

下午，妞妞一睡醒午觉就开始“淘气”了，只见她把沙发上的靠枕都扔到了地上，铺成了一条歪歪斜斜的“小路”，然后故意踩在靠枕上，走过来走过去。好几次因为没有踩稳而滑倒，每次摔坐在地上，妞妞都高兴得“咯咯”直笑。

当孩子走得越来越好、越来越稳后，他们就要开始进行新的尝试了，除喜欢走高低不平的地方外，那些又脏又乱的地方，也成了孩子最爱走的“路”，以此来感知腿脚的功能。

在孩子还不会走路的时候，他们对于周围世界的认识是被动的，需要借助他人之手来满足自己对这个世界的探索和认知；当他们学会走路后，他们就变被动为主动了，会凭借自己的主动性来探索世界，这对孩子而言，是一个重大的突破。

因此，当孩子感知到腿脚功能十分“强大”，能够让他们去任何地方时，那么以前我们不会带他们走的地方，或是不准他们走的地方，就会对他们产生很大的吸引力。比如：柏油路两边的石子路，下过雨后的小水洼里……总之，越是看起来“脏乱差”的地方，越是能够激起他们挑战的心理。

如果在现实生活中，这些需求得不到满足，那么孩子就会“手动”制作，就如故事中的妞妞一般，用靠枕铺一条“理想”中的路来走，有的孩子还会用家里的布娃娃或是枕头等来铺“路”。

因此，我们应尽量满足孩子的探索，不要怕孩子把衣服弄脏，也不要怕孩子摔倒，这是成长过程中必经的阶段，越早尝试，孩子就能越快掌握使用腿脚的要领。对于孩子而言，在该摔倒的年龄摔倒，总好过在不该摔倒的年龄摔倒。

玩具和游戏，是成长不可或缺的部分

玩，是孩子的天性。尤其是在孩子的动作敏感期内，各种各样的玩具，各种各样的游戏，都对孩子的动作发展和智力发展起着重要的作用。正确的玩具可以帮孩子在玩耍中锻炼他们的肌肉发展，同时还可以发展其想象力与创造力。

而游戏是孩子尝试成人角色和生活技巧的途径，就像幼狮从厮打中获得学习一样。孩子们的主要学习途径就是游戏，玩耍是培养他们认知能力的重要过程，在这个过程中，孩子的社交能力和决策能力能够得到锻炼。

淘淘 1 岁以前的故事

作为家里的第一个新生儿，淘淘的到来，引起了全家人的关注，上至太奶奶，下至小叔、小姨，一群大人围着一个孩子转。所以妈妈还在月子里时，玩具就已经堆了半个房间那么多了。只是那时候的淘淘每天大部分时间睡觉，对玩具根本不感兴趣。

到了三四个月时，淘淘学会翻身了，对身边的一切都很感兴趣。妈妈觉得家里的玩具可以派上用场了，经常拿着各种小汽车摆在淘淘面前，可是淘淘却完全不理会。

直到淘淘五六个月的时候，他似乎才开始对玩具产生兴趣。不过比起玩儿，淘淘更在意的是玩具的“味道”，妈妈一个不留神，玩具就被淘淘放在嘴里“品尝”了起来。看着屋子里的大部分玩具都被闲置着，妈妈觉得一定是玩具买得不对，于是经常在网上搜索各种各样的玩具买回来。可是这些玩具的大部分结局是新鲜不过三分钟，淘淘玩一会儿便失去了兴趣。

有一次，妈妈从网上看到了一个会扭着身子跳舞的太阳花，觉得很有趣，便买了回来。淘淘起初被太阳花鲜艳的颜色吸引了，拿在手里端详着，一不小心碰到了太阳花的开关，太阳花忽然间唱起了节奏强烈的歌曲，还扭动着“身子”，吓得淘淘一把扔掉了太阳花，“哇哇”大哭了起来。

淘淘妈妈想不明白，明明在网上看到别人家孩子挺喜欢的呀，为什么淘淘就不喜欢呢？网络上那么多玩具，到底什么才是适合孩子的？为什么大部分玩具买回来都闲置在一边了呢？

玩具，是孩子成长过程中不可缺少的东西，孩子喜欢玩具，就像是我们喜欢漂亮的衣服，昂贵的包包一样。在孩子的动作发展敏感期内，可以说，任何玩具都能在一定程度上促进孩子的动作发展，同时，还可以让孩子发挥主观能动性，动手的同时也在动脑。

但是市面上的玩具可谓是数不胜数，很多家长会有淘淘妈妈一样的烦恼，家长觉得有意思的玩具，孩子往往只是新鲜一阵子，甚至只喜欢几分钟，并提不起多大的兴趣；有的时候，孩子死活非要一样玩具，但买回家后热情却持续不了多久。

那么，我们该如何给孩子选择正确的玩具呢？在孩子的动作敏感期内，传统玩具可以锻炼孩子的手、脚以及身体的协调能力。

积木，可以让孩子掌握手部的协调性和灵活性，还能让孩子掌握一定的空间想象能力和辨别力；橡皮泥，在捏的过程当中，可以很好地锻炼孩子的想象力、创造力和肢体能力；各种球，在玩球的过程当中，孩子会锻炼到抛、滚、拍、踢、打等动作，强化孩子的手眼协调能力。除此之外，拼图、套叠玩具、穿绳等玩具，也是很不错的选择。对于孩子而言，玩具不应该是要啥买啥，而是应该根据孩子的身心发展特点，什么合适买什么。

另外，有儿童教育专家指出，日常用具也能成为孩子很好的玩具，因为日常玩具可以激发孩子的主观能动性，在玩的过程中，孩子可以自己决定怎么玩儿，并且变化出很多花样。因此，如果孩子拿家里的日常用品当作玩具，不要批评孩子哦。

如果我们能用心挑选适合孩子的理想玩具，那么，对孩子的早期智力开发，将会取得良好的效果。最后，需要注意的是，不管什么样的玩具，安全性都要排在第一位，对于 3 岁以前的孩子，最好不要买体积过小、形状尖锐的东西，因为很容易对孩子造成伤害。

琪琪 1 岁以前的故事

琪琪刚出生时，妈妈也曾想过“女儿要富养”，所以在给琪琪买玩具这件事情上从未“手软”过，尤其是那些被育儿师们点名必备的玩具，琪琪是应有尽有。

妈妈的本意是想让琪琪拥有一个快乐的童年，但是后来妈妈发现，并不是玩具越多，孩子越快乐。一些启蒙玩具确实很有用途，但是很多启蒙玩具只是打着“启蒙”的旗号，实际上用途并不大，并且还会因为功能繁多并不被孩子喜欢。

于是，妈妈渐渐地便不再毫无节制地给琪琪买玩具了，而是热衷于亲手给孩子做“玩具”，比如：家里喝完饮料的瓶子，琪琪妈妈从来都不会扔，她会把所有的瓶盖儿都拧下来，然后和琪琪一起玩儿“配对”的游戏；还有包装用的纸箱子，妈妈也会留下来，在上面剪几个洞出来，然后和琪琪玩儿“打地鼠”的游戏……

妈妈发现，比起那些昂贵的玩具，琪琪似乎更喜欢妈妈制作的这些“土玩具”，或者说，琪琪更喜欢和妈妈一起玩儿的过程。有了这个发现后，妈妈每天都会抽出一段时间来陪琪琪玩一会儿。比起同龄的孩子，琪琪的玩具并不算多，但是琪琪的快乐却一点儿也不少。

对于孩子而言，最好玩的玩具，是自己的爸爸妈妈。游戏不但伴随着孩子成长，让孩子的童年充满快乐，并且还能影响孩子未来的人生。

尤其是在孩子的动作发展期内，有针对性的游戏可以帮助孩子的各项动作得到更好的发展。琪琪妈妈跟琪琪进行的瓶盖配对游戏，就能很好地锻炼孩子的手眼协调能力，以及手部的肌肉发育。除此之外，我们还可以在孩子的动作敏感期内，陪孩子玩扔球的游戏，将球高高地抛起，然后再用双手接住，这个对大人来说很简单的游戏，对孩子而言，却是对肢体协调性的巨大考验。因此，在游戏过程当中，如果孩子做得很好，那么千万不要吝啬赞美之词。

可以陪孩子做的游戏很多，一些网络视频还会专门教家长怎么跟孩子做游戏。相信，只要我们肯在陪伴孩子这件事情上用心，那么很快就能够成为一个“游戏专家”。

需要注意的是，这里提到的游戏，指的是父母与孩子之间产生互动的活动，而不是指手机或是电脑上的电子游戏。很多电子游戏打着“益智”的旗号，但实际上产生的负面影响要远远大于正面影响。因此，尽量不要让孩子过早接触电子游戏。

第五章

3.5~6 岁，捕捉儿童的书写绘画、阅读敏感期

当敏感期到来时，孩子的内心会有一股无法遏止的动力，驱使着他们对某些特定的事物感兴趣，并想要进行不断尝试和学习，直到内心的需求减少，或是敏感力降低，这股动力才会消失。

孩子2岁时，会很喜欢拿着笔到处点点画画，到了三四岁，只要拿上笔，家里到处都会留下他们的“痕迹”。即便是被家长明令禁止不准“乱涂乱画”，甚至还会因此被打屁股，但是依旧无法阻止他们的“热情”。

与此同时，家长还会发现，这个阶段的孩子对阅读也十分感兴趣，看到有字的地方，就会好奇地问：“这个念什么？”

如此种种，说明孩子已经进入了书写绘画、阅读敏感期。作为众多敏感期中的一个典型，书写绘画敏感期是培养孩子艺术思维和创造力的重要时期。

和孩子一起研究那些“鬼画符”般的文字

孩子 4 岁左右会进入书写敏感期内。在这期间，孩子会对文字、符号产生极大的兴趣，有时候，他们会“照猫画虎”地写出一些“字”来；有时候，还会自己创造出一些字来……对于孩子的这些“字”，家长看不懂不要紧，装模作样地跟孩子一起研究一番，他们就会很高兴了。

妞妞 3 岁时的故事

这天，妈妈下班刚一进家，妞妞就拿着一张纸，兴奋地跳到了妈妈面前，举起手中的纸给妈妈看，并说道：“妈妈，你看我会写字了。”

“是吗！我大宝贝都会写字啦？”妞妞妈妈连忙拿起妞妞手中的纸看了起来。

只见纸上面歪歪扭扭地画着很多竖道道，从头看到尾，妈妈都没有找到“字”在哪里。

“这哪里有字呀？妈妈怎么没有找到呀。”妈妈甚至还将纸翻到背面看了看。

“就在这里呀。”妞妞指着纸上那些竖道道说。

“这就是字呀？妈妈都不认识你写的这个字呢！”妈妈说。

“这是‘1’。”妞妞解释道。

原来这长得像蚯蚓一样的竖道道，是妞妞写的“1”。妈妈觉得妞妞小小年纪就有写字的想法很值得肯定，但是要形成良好的书写习惯，比如：写字就应该横平竖直，否则以后还要花时间去纠正。

于是，妈妈说道：“妞妞会写字了，妈妈真高兴。就是这个字呀写得不太好看，妈妈来教你怎么写好看。”

说完，妈妈拉着妞妞一起来到了桌子旁，在纸上端端正正地写了一个“1”。妞妞看了妈妈写的字，忍不住拍手叫好，并迫不及待地拿起笔要试一试。

“这个写得太长了。”

“这个又写歪了。”

“这个写得太短了。”

“这个写得不直。”

……妞妞一边写，妈妈一边指导。

“妈妈，我不想写了。”原本还兴致勃勃的妞妞，忽然噘着小嘴巴说道。然后也不等妈妈同意，跳下椅子就跑开了。

能够在孩子敏感期给予孩子相对应的引导，这本是好事，但是引导要有一个“度”，太过激进的引导可能会造成“揠苗助长”的情况。而这个“度”便是当孩子有兴趣的时候，给予正确有效的刺激。

孩子刚刚学会写字时，内心会十分兴奋，他们十分享受写字给自己带来的乐趣，这个时候，如果遭到来自父母的否定，那么将会令他们对写字的热情减退。妞妞妈妈看似在肯定孩子，引导孩子如何做，但实际上却在无形中否定了孩子。对于妞妞而言，3 岁孩子的腕部力量还很弱，并且以前并没有写过字，所以写出来的字歪歪扭扭不太好看，这是正常的现象。

正确的引导，应该是从这些难看的字里面，挑出来一个最好看的字，然后对孩子说：“这个写得最漂亮的字，宝宝一定用心写了。”听了这样的话，孩子就知道怎样写才算写得好，以后写字也会朝着好的方向去努力。

需要注意的是，有的孩子的书写敏感期会来得比较迟一些，对于这种情况，我们千万不要着急，更不要拿自己的孩子与其他孩子进行比较，说一些类似于“你看别人家小孩儿都会写字了，你还不会写”这样的话，更不要因此就强迫孩子去写字。在没有兴趣的时候被迫去做一件事，对孩子而言是十分痛苦的事情，这样在他敏感期真正到来之前，他对这件事情的兴趣已经不复存在了。

琪琪 4 岁时的故事

春天到来之际，妈妈准备带着琪琪出去郊游。临出门前，妈妈整理了郊游需要带的各种物品。琪琪也跟着进进出出，忙得不亦乐乎。等妈妈收拾妥当了，琪琪也收拾好了，拿着一个小挎包站在妈妈身边，等着出发。

“琪琪，你怎么也背了一个小包呀？”妈妈很怕半路上琪琪又不愿意背了，到时候还得自己帮她背着。

“这里面装了我要用的东西。”琪琪说着，打开了背包，露出了里面的东西：一包纸巾，一个发卡，一瓶免洗洗手液，还有一个小本子和一支铅笔。

带前几样东西妈妈都可以理解，可是这带着本和笔要干什么呢？毕竟琪琪现在还不会写字，而且外面也没有写字的地方。于是妈妈建议琪琪将本和笔放在家里，以免铅笔头露出来扎到了琪琪。

但是琪琪却死活不肯，非要带着。最后妈妈拗不过琪琪，只好允许她带在身上了。

到了郊外，妈妈找了一处风景极好的地方，让爸爸铺上野餐垫，支起了帐篷。妈妈则忙着将带来的食物一一摆放出来。琪琪也很忙，她拿出了小本子放在地上，然后撅着小屁股在本子上写着什么。

“琪琪写什么呢？”妈妈很是好奇。

“我在写日记呢，等我写好了给你看。”琪琪头也不抬地说着。

不一会儿，琪琪终于写好了，她把写好的“日记”拿到了妈妈面前，说：“妈妈，你看，我写完了，写的是我们今天出来玩儿。”

妈妈打开一看，上面全是一些不认识的字，有的圆，有的方，有的是一个小点点，还有的看起来很像一朵花。

“这……”妈妈有些为难，她想说自己看不懂，但又怕打击琪琪的积极性。

“妈妈，你不认识吧，我来给你念。这写的是‘今天，爸爸妈妈带我到外面郊游，风景可美了！我心里特别高兴。’”琪琪指着上面的“字”，有模有样地念着。

“琪琪写得真好。”妈妈虽然并没有看懂，但是依旧很捧场地说道。

听到妈妈这么说，琪琪又高高兴兴地继续写去了。

在孩子的眼中，“乱画”就是写字，他们所谓的“字”，其实就是一些黑点或是线条，除了他们自己，恐怕没有人能够破译得了其中的含义。尽管如此，孩子们还是会不停地握着笔写呀画呀，因为这是他们刚刚发现的一种新的表达方式。

最早，孩子通过哭声来表达自己的情感，然后是通过语言来表达自己的情感，现在他们发现文字也能表达自己的情感了，所以才会不知疲倦地一再尝试。这个时候，若是得到了父母的肯定和支持，则会让他们获得自信的力量，并更加有热情地坚持下去。甚至，他们还会为了让自己的字写得更好，表达出更多的感受，而去有意识地学习。

类似于故事中琪琪的这种情况，就会时有发生。为了让孩子的兴趣一直延续下去，我们可以与孩子一起写写画画。在这个过程中，教给孩子一些简单的字，或是共同研究一些书写符号，作为彼此之间的沟通“暗号”。这样不但能够让孩子在书写敏感期内得到莫大的快乐，我们也能从中体会到亲子之间的乐趣。

这个时候，孩子会对学习用品产生极大的兴趣，他们会从喜欢买玩具，变成想要买文具。但是大多数文具他们又不太会使用，比如自动铅笔、圆珠笔这样的文具。因此，在选择文具时，我们要尽量选择安全无害的，同时也适合孩子使用的来购买。

另外，如果这个时候，家里还没有买小书桌的，也应该给孩子买一张，有一个固定的学习地点，会让孩子更加把学习这件事当回事。这对他今后学习习惯的养成，会产生积极的促进作用。

不如给孩子一面墙，让他们尽情发挥

在孩子的书写绘画敏感期内，孩子除会表现出对写字的莫大兴趣外，还会十分热衷于绘画，并且喜欢随时随地地展示他们的“画工”，家里的桌面、墙面、沙发、床单……都能够成为他们的展示区。

淘淘3岁时的故事

淘淘3岁左右的时候，特别喜欢涂涂画画，妈妈便给淘淘买了一套有多种颜色的彩笔。淘淘非常喜欢，一有空就拿出来涂涂画画。每当这个时候，淘淘妈妈就会趁机去做点家务。

这天，妈妈又趁着淘淘画画的工夫去打扫房间。等妈妈打扫完来到淘淘房间一看，顿时火冒三丈。因为淘淘在纸上画完之后，开始到处乱画。墙上、地上、床单上，都有数不清的彩笔道。

"淘淘，你怎么到处乱画呀？"妈妈忽然一声吼，吓得正在"醉心创作"的淘淘浑身一激灵，连忙站到了墙角，一副不知所措的样子。

看着淘淘害怕的样子，妈妈努力压制住自己内心的怒火，说："笔就应该往纸上画，不能到处乱画。"

"可是……可是……纸上没有地方了。"淘淘指着桌子上的纸小声地说。

妈妈低头一看，可不是嘛，一张纸上面已经被画满了各种奇怪的图形。

"那……那你也不能往墙上画呀！"妈妈既无奈又生气，"这墙上的壁纸多好看呀，你这样一画，就变丑了。"

"那个蜗牛没有眼睛，我在给它画眼睛。"淘淘指着壁纸上的一只小蜗牛说道。

妈妈仔细一看，好像还真是这么回事。壁纸上有一只蜗牛，但是却没有眼睛。现在蜗牛的头上，已经有两团黑乎乎的形状不规则的“眼睛”。

“好吧。”看到孩子的创作能力后，淘淘妈妈的气也消了一半。

“那床上呢？为什么往床上画？”妈妈指着床上的两道黑杠杠问道。

“我在给小兔子画萝卜，小兔子一直没有吃东西，它都饿了。”淘淘回答说。

“这……这是萝卜？”妈妈对淘淘画的萝卜有些无语。

“那地上呢？”地上简直可以用惨不忍睹来形容。

一说到地上，淘淘明显兴奋了起来，说：“这是我画的轨道，一会儿火车就要进来了，不过我还没画完，你就不让我画了。”

说到这里，淘淘表现出一副委屈的样子。

原来淘淘并非在捣乱，他所画的每一笔，都表达出了一定的信息。想到这里，妈妈似乎不那么生气了，地面可以擦，床单还可以洗，但是这墙可怎么办呢？

这时，爸爸下班回来了，看到愁眉苦脸的妈妈，提出了一个建议：“要不然干脆就把那面墙让他画去吧。你想啊，你不让他画，他就能忍住不画吗？与其画得家里每面墙都是笔道，那还不如对着一面墙糟蹋呢！”

妈妈觉得爸爸说得十分有道理，第二天就去文具店买了几张特大的纸，然后贴到了墙上。淘淘放学回来看到，激动地反复问：“我真的可以在上面画画吗？”

“当然可以。”妈妈给予了肯定的答复。

果然，淘淘就只画了那一面墙，而且还画出了一幅让他自己特别满意的作品。

绘画敏感期，是孩子智力发展的一个阶段。快到3岁的孩子，特别喜欢拿着彩笔到处画，有时候沙发上、茶几上、床单上、墙上到处都留下他的即兴之作。

只是，这个阶段里孩子的画却不怎么美观，可以说每一幅都是“抽象画”，以至于很多家长以为孩子就是漫无目的地涂抹而已。实则不然，绘画教育家李钊认为，幼儿的涂鸦虽然只是游戏，不需要高深的绘画技巧，但其中的内容却会透露出孩子的一些思维方式或心理情感。

绘画敏感期也是培养孩子审美与艺术感觉的关键时期，在这期间，孩子对于形状、颜色的敏锐度极高。因此，我们要欣赏孩子的行为，并给予孩子一定的鼓励和肯定。故事中淘淘爸爸的做法就十分可取，最大限度地支持了孩子在此阶段的爱好。

不过，我们需要明确的一点是，支持孩子“涂鸦”，其目的不是把孩子培养成一个小画家，而是为了启蒙孩子的动手能力、想象能力和创造能力，培养孩子专注安静的性格和喜欢画画的兴趣。

同时，要明确孩子画的画没有标准可言，不要以画得像与不像作为评价的标准，更不要为了让孩子画得像，就找图画书让孩子照着画，甚至描着画。那等于将别人的意志强加到孩子的身上，完全忽略了孩子的想象力和创造力的发展。孩子的画表现的是自己的意愿、想法、爱好和生活经验，因此不需要纠正和指责孩子的画，我们只要做到充分赏识孩子的自我表现能力就可以了。

思思 4 岁时的故事

因为思思整天都拿着笔到处写和画，妈妈觉得不应该错过孩子学习的好机会，应该趁着孩子正感兴趣，赶紧去学习。于是在一个周末，妈妈带着思思来到了一家培训机构，想要让思思开始学习画画和书法。

培训机构的老师看到思思还小，便说：“孩子有点小，现在手上还没劲儿呢，等大点再来学吧。”

“她已经 4 岁了，别人家小孩儿 3 岁就开始学钢琴了，画画比钢琴简单多了，为什么不能学呀？”思思妈妈并不认同老师的看法，当众反驳道。

“可是……可是我们这里没有适合的班级呀！这里最小的孩子5岁半了。”老师为此感到很为难。

思思妈妈只好带着思思回了家，晚上躺在床上，却怎么也睡不着，她感到很焦虑。人人都说“孩子要赢在起跑线上”，可想要“赢在起跑线上”不就得“笨鸟先飞”嘛，学得越早越能尽早超越别人。于是，思思妈妈决定，既然这家培训结构不收，那么就换一家。

第二天，思思妈妈又带着思思来到了一家培训机构，结果这家培训机构给出的答案与第一家一样。都说孩子太小，无法很好地控制笔，所以不建议孩子这么小就开始学画。连续两次的打击，并没有让思思妈妈“知难而退”，尤其是当她在网络上看到别人家3岁的小孩儿就能画出一幅漂亮的画时，她就觉得一定是培训机构的问题。

经过多方打听后，思思妈妈又找到了一家培训机构，据说这家机构主打“创意美术”。于是思思妈妈就带着思思去报名了，老师虽然觉得思思年纪有点小，但还是同意了让思思来上课试试。

听到可以和许多小朋友一起画画，思思很高兴。可是才上了一节课，思思就不愿意再去了。原因在于，班里的小朋友都比思思年龄大，画的画也更好，跟别人一对比，思思觉得自己画得太难看了，使她的自尊心受到了伤害。

妈妈原本想要借着思思正在感兴趣的阶段，好好培养思思，却没有想到弄巧成拙，原本很爱画画的孩子反而有些抗拒画画了。

“望子成龙，望女成凤”是每个家长的心愿，所以不愿意放弃任何一个可以将孩子“培养成才”的机会。抓住敏感期，对孩子进行有针对性的培养没有任何问题。但是问题在于，不要做超越孩子年龄段的事情。

对于三四岁的孩子来说，虽然他们此时表现出了对绘画的极大兴趣，但这并不代表他们就可以进行专业的美术培训或是书法培训，这一阶段，启蒙教育远远比能够画出一幅漂亮的画更加重要。

这个年龄的孩子在生理上正处于生长发育的早期阶段，神经系统的发育还不够完善，大脑皮层的控制能力较差，手指小肌肉的协调动作还不灵活，因此决定了他们此时握笔的力量以及对线条的把控，都无法达到正规绘画和书写的要求。如果家长此时硬逼着孩子进行正规学习，孩子就等于在做超出能力范围的事情，这本身就会令他们感到很累，并且很容易受到打击。

如果说，家长特别想要孩子尽早接触美术和书法教育，那么要选择符合孩子年龄段的课程。有一些培训机构开设有画画启蒙班，这种班级基本不需要孩子动笔，会借助一些比较易于掌控的物品来表现画面，比如海绵、牙刷等。其目的在于培养孩子的创作能力和审美水平，而不是让孩子画出十分相似的物品。

至于书法，这对孩子手部力量的要求更高。与其让孩子早早去做他力所不能及的事情，不如转变个思路，先让孩子多认识一些字。

其实，对于画画这件事，我们自己完全可以胜任“教师”的角色。首先，要鼓励孩子“涂鸦”，就是让孩子没有目的地涂涂画画。因为此时孩子的想象力十分丰富，并且需要将头脑中的想法表达出来。我们一方面要引导孩子给“涂鸦”的画取个名字，一方面帮孩子作适当的补充。

如：孩子画了一个圆，我们就可以对他说：“宝宝画的是什么呀？”孩子可能会有“鸡蛋”“苹果”“太阳”等不同说法。不管是什么说法我们都要表示赞同，随即在纸的下方帮孩子写出画的名称，并当着孩子的面做一些适当的补充，使之变成一幅好的作品。

其次，在孩子自己涂鸦画的基础上，引导他画出形象更全面、更逼真的画。如孩子画了一个圆，之后在这个圆的下边又画了一个圆，我们就可以问宝宝画的是什么，宝宝可能会说：“熊猫”，那么我们就可以顺势说：“哦，真像熊猫啊，熊猫除了有个胖乎乎的身体外，还有什么呢？”孩子可能继续说：“有耳朵，有眼睛。”这时，我们只需要一边夸奖孩子，一边让他们补上眼睛、耳朵就可以了。

这样，孩子的画画兴趣会越来越浓，自信心会越来越足，涂鸦的目的也会逐渐明朗起来，慢慢就会边想边画，大胆地进行想象和创造了。

只要是“字”，就给孩子指着念一念

从 2 岁开始一直到 7 岁，孩子的记忆力都特别出色，不但识记速度快、数量多，而且记得牢。这个阶段中，孩子无论学习什么，都会十分快，并且感到很轻松。因此，这个阶段是孩子识字的好时机，他们不但能在识字中寻找到快乐的感觉，还能从小培养起浓厚的学习兴趣和良好的学习习惯。如果错过这一阶段，孩子再学识字，就要多付出六七倍的努力，才能达到相同的学习效果。

思思 3 岁半时的故事

“妈妈，这个念什么字？”思思又拿着一张纸片来问妈妈了。最近，思思似乎对“字”特别感兴趣，只要看到字，就会拿到妈妈面前，问妈妈上面写着什么字。这本是很好的行为，只是思思这个年龄，她不认识的字太多了，有时候妈妈对此还真有点不耐烦。有几次，思思让妈妈给她念字时，妈妈都极其敷衍了事。

一天，妈妈带思思上街，走在大街上时，思思忽然指着一家书店说：“妈妈，你看书店。”妈妈抬头一看，果然是书店，一间小小的门脸房，除了招牌上写着“书店”两个字，没有任何图片能够证明这是一家书店。

妈妈觉得很不可思议，便问思思：“宝贝，你太厉害了，你怎么知道这是一家书店呢？”

“因为我认识‘书’字。”思思得到了妈妈的夸奖，不好意思地说。

“谁教你的呀？”妈妈连忙问。

思思没有回答，用小手指了指妈妈。

妈妈这才恍然大悟，从这以后，思思再来问妈妈“这个字念什么”的时候，妈妈再也不会敷衍了事了。

孩子 5 岁左右，会进入阅读敏感期。而在进入阅读敏感期之前，孩子会先对“识字”产生极大的兴趣，尤其是当他们发现人们口中经常说的词语能够与他们认识的文字对应起来时，他们就会觉得十分兴奋。

有些望子成龙的家长，会在孩子一两岁时，就教孩子认字，这样就未免有些着急了。孩子的成长要遵循一定的规律，孩子 4 岁时，才会对字产生概念，这时候孩子才会进入认字的敏感期。

在 3 岁以前，孩子的记忆方式主要是以图片为主。很多时候，孩子能够认出某种物品，并不是他们认识上面的字，而是他们看懂了上面的图案。这个时候，他们辨别字的能力很弱，不会区别字的笔画和结构，也不理解字的含义。

3 岁以后，孩子的形象思维才开始发展起来，此时他们对字的形状才开始有了初步的认识，能够分辨出字和字的不同之处。因此，这个年龄段的孩子会很好奇每个字都念什么，虽然他们有时候并不能真正理解字的笔画、结构和含义。

进入 4 岁，孩子的抽象思维才开始萌芽，并在 5 岁的时候进入实质发展阶段。这个时候，孩子才能够理解每个字背后的意义，这一阶段也是孩子文字积累量突飞猛进的阶段。

因此，一旦发现孩子对认字十分感兴趣，我们一定要抓住这个时机，满足孩子识字的欲望。无论是街面上的广告牌，还是包装袋上的生产日期，只要孩子问了，我们都要耐心地告诉孩子，不要不耐烦，也不要因为孩子不认识字就随便糊弄孩子，更不要因为孩子反复多次问同一个字就批评孩子。因为我们任何一个不合时宜的举动，都会吓退孩子对识字的热情。

琪琪 5 岁时的故事

这天，琪琪妈妈带着琪琪到绘本馆去看书。绘本馆里有不少小朋友，几乎每个小朋友都是安静地坐在妈妈身边，听妈妈给自己讲故事。

琪琪则不太一样，只见她自己找了一本书，安安静静地看了起来。看完了一本，又换了一本，仍旧是自己看，根本不需要妈妈在旁边讲。一个妈妈看到了，便问琪琪妈妈道："你家小孩儿几岁了？都能自己看书了。"

琪琪妈妈回答道："刚刚 5 岁，她识字比较多，所以一般都是自己看，遇到不认识的字再问我。"

旁边的妈妈们一听，纷纷过来讨教如何教孩子认字，才能让孩子小小年纪就能独自阅读。其实，琪琪妈妈也没有什么诀窍。就是当她发现琪琪总是问她"这个字念什么"以后，给琪琪读故事时，就一个字一个字地指着读，本是"无心插柳"的举动，却得到了一个"柳成荫"的结果。现在琪琪的识字量已经达到两三千，自己读懂一本绘本故事完全不成问题。

在阅读敏感期内，孩子对阅读的兴趣十分强烈，但是因为不认字，孩子通常都是借助父母的力量进行阅读，在这个过程中，孩子就在有意无意中累积识字量。因此，如果我们能够在给孩子读故事

时，指着字去读，那么孩子就能够在潜移默化中认识更多的汉字。到了 5 岁左右，孩子就能够认识一定数量的字了，对于一些简单的读物，有的孩子就可以进行自主阅读了。

那么，在孩子的认字敏感期内，我们可以用什么方法来帮助孩子认识到更多的字呢？

可以从孩子感兴趣的方面入手。因为，当孩子对一件事产生浓厚的兴趣和好奇心时，他的记忆力和理解力都处在兴奋的状态，这个时候学习相关内容，就能够起到事半功倍的效果。比如：孩子若是喜欢小汽车，就可以教孩子认识各种小汽车的名称，以及汽车上部件的名称。孩子边玩边学，边学边记，不知不觉中，就可以认识到所有相关的字词了。

可以从字卡入手。亲手给孩子制作一些生字卡片，将家里用品的名称都写在上面，然后用小绳子或是胶带贴在相应的物品上，这样孩子在用的时候，就会看到上面的字，时间久了，这些字就刻在孩子的脑子里了。另外，还可以在字下面标注上价格，与孩子一起玩儿“超市收银”的游戏，既能让孩子识字还能在孩子心中建立起算数的概念。

但需要注意的是，无论是学习认字还是阅读，我们都需要给孩子一个相对宽松的环境，不要强迫孩子去学，以免孩子感觉到有压力，对认字失去兴趣，这对孩子以后的课堂学习也会带来不良影响。

在孩子爱看书的时候，多给孩子买好书

一般在 3 岁半到 5 岁半时，孩子的阅读敏感期来临。在这期间如果孩子能够养成阅读的习惯，那么我们就能收获到一个爱看书的孩子。但如果错过了这个时期，孩子则难以养成阅读的习惯。

更为重要的是，童年时期养成阅读习惯对孩子的大脑开发起着不可逆转的积极作用。美国著名生理学家玛莉安・伍尔夫通过研究发现，儿童阅读时，左右大脑两个区域一起运行，而成年人在阅读时，往往是只有一个大脑半球在工作。也就是说，阅读要从小开始

培养，长大后再培养，效果会大打折扣。

晨晨3岁时的故事

晨晨1岁多的时候，妈妈有段时间每天晚上都会给晨晨讲睡前故事，但是妈妈发现晨晨不怎么爱听，常常只听个开头，就开始爬起来接着玩了，丝毫没有起到哄睡的作用。于是，妈妈便认为晨晨不喜欢听故事，便变成了每天晚上睡觉前，给晨晨看一看他喜欢的动画片，看累了便睡觉。

直到晨晨3岁多，妈妈带晨晨到超市去购物，路过超市外的书店时，晨晨看到了一本《汪汪队立大功》的书，便抱着那本书不撒手了，《汪汪队立大功》是晨晨最喜欢看的动画片了。妈妈见晨晨忽然喜欢上了读书，便很高兴地为晨晨买了那本书。

一回到家，晨晨就缠着妈妈给他讲故事。故事讲完了，晨晨心满意足去玩儿了。到了晚上，晨晨又拿来了这本书，让妈妈讲给他听，于是妈妈又讲了一遍。结果接下来的几天，每天晚上晨晨都要听这本故事书，里面的故事妈妈都快背下来了，总是重复讲一个故事。妈妈觉得很无聊，便找出了以前给晨晨买的童话故事，问晨晨："晨晨，我们讲这个故事好不好，这里面的故事也可好听了。"

可是晨晨怎么也不愿意，就想要听《汪汪队立大功》的故事。妈妈觉得晨晨脾气太犟了，并觉得这样的性格以后在社会上不讨好，于是便拒绝了晨晨的要求。被拒绝的晨晨十分生气，捂着耳朵怎么不肯听妈妈讲的其他故事。

2 ~ 3 岁的宝宝总要要大人重复讲那些已经听过的故事，有的故事已经讲了很多遍，但是只要我们再讲，他们还是会百听不厌。甚至有时候，他们都可以复述故事里的情节了，还是想要听一遍，再听一遍。

这时候，大人们往往要忍不住了："总听一个故事多没有意思呀！"可孩子却偏偏不愿意听其他的故事，为什么孩子这么喜欢听重复的故事呢？这是因为孩子进入了阅读敏感期。

大人认为"没意思"的重复对孩子来说并不是简单的重复，而是每次都有新的感受和收获的。因为，孩子这个时候认知能力有

限，只有在不断重复的过程中才能不断发现和体会新的东西，“你讲他想”这样的方式对他们来说是莫大的享受。

而且，孩子真正让我们一遍又一遍地去重复讲一个故事的次数是非常有限的，能够让他们听了一遍还想要再听的故事，往往都是他们十分喜欢的。等过了阅读敏感期，这种要求重复讲一个故事的现象就会消失。所以不要认为孩子听重复的故事会影响他学习新东西，事实上，孩子的重复不仅体现在讲故事，还包括玩玩具、看动画片，只要他喜欢，就可能不断重复，这些重复对孩子的智力发展有着不可低估的作用。

当孩子再长大一些，会喜欢自己编故事来娱乐，但编故事的能力离不开一定的知识经验和表达能力，而这些又来源于平时积累的文学作品。重复听一个故事，能使孩子逐渐地掌握其中的词句，使一些好词好句在记忆中得到反复强化，并积累一定的语言经验，从而使孩子在自编时，把那些储存在脑海中的好词好句，迁移运用到新的情景中。

所以，让孩子重复地听故事，一方面可以让孩子获得相关知识信息，另一方面还可以让孩子学习到一些新词新句，懂得了相关的道理。最重要的一点是，能够为孩子提供创造性言语表达的素材，开发孩子的语言潜能，同时也为孩子将来的写作能力添砖加瓦。

淘淘 5 岁半时的故事

淘淘 5 岁时，妈妈专门给淘淘报了一个“幼小衔接班”，在“幼小衔接班”里，淘淘学会了拼音。为了锻炼淘淘的拼音水平，同时也为了“解放”自己，妈妈给淘淘购置了一套新书——《米小圈上学记》，这套书在小学生中十分受欢迎，几乎人手一套。妈妈觉得淘淘一定也会喜欢，毕竟淘淘从小就喜欢听故事。

但是书买回来后，淘淘只看了一页，就不想再看下去了，他对妈妈说：“拼拼音太难了，我都不认识上面的字。”

妈妈却说：“就是因为你不认识字，才让你拼呀，这样才能锻炼你的拼拼音能力呀！”

可是淘淘并不想锻炼自己的拼拼音能力，他觉得每看一个字都要拼一下，半天才看一行半，这样的“读书”速度，对他而言是一种煎熬，他更喜欢听妈妈给他读故事。

在孩子接触了拼音以后，不少家长都会抱着“孩子终于可以自主阅读”的心情去看待这件事，并急不可耐地给孩子购买一些带有拼音的读物，让孩子去读，认为这样一方面提高孩子的拼拼音水平，另一方面自己再也不用读故事读到口干舌燥了。

但现实情况却是，大部分孩子在刚刚学会拼音以后，都不大愿意独自进行拼读，因为对他们而言有些困难。试想一下，如果给我们一篇文章，通篇都是我们不认识的字，每念一个字，都需要查字典，那我们还有读下去的欲望吗？

同样道理，并不是孩子学会了拼音，独自阅读就能成为一件简单的事。我们想要培养孩子独自阅读的能力，选择对的读物比较重要。

对于五六岁的孩子而言，分级阅读读物才是适合锻炼他们自主阅读的读物。一来，分级阅读的内容字数较少，大部分是孩子认识的简单字；二来，分级阅读的读物分开了等级，家长可以根据自家孩子的识字量进行选择，能够保证在不影响孩子整体理解的基础上，增加新的生字让孩子认识。

培养孩子自主阅读，是一个循序渐进的过程。通篇靠拼音去拼读理解，对孩子的阅读不但不能起到促进的作用，还会令孩子产生厌烦的心理。拼音只能作为“辅助工具”，偶尔碰到不认识的字拼读一下，这样才不会影响孩子的阅读乐趣。

陪孩子做个快乐的“小戏精”吧

3 岁左右时，孩子的语言进入迅猛发展期。因此，孩子常常会有意无意地对故事中的语言和情景进行模仿。尤其是一些孩子在反复听某一个故事之后，会对其中的一些优美词句、语言句式进行迁移运用、模仿创造。

这种语言的模仿创造活动是整个幼儿时期孩子语言学习的一种重要形式。此外，有的孩子还喜欢模仿故事中的角色对话、动作，有的甚至还有可能自编自演。这个时候，如果孩子需要，我们不妨就陪孩子做一个快乐的“小戏精”，说不定还能慢慢培养出一个剧作家或者演员呢。

妞妞 3 岁时的故事

每天晚上睡觉前，妈妈都会给妞妞讲故事。这天，妈妈给妞妞讲了一个《小猪小象》的故事。故事里面有一个情节，大象打喷嚏，一下子把小猪喷出去好远，书上的小猪连滚带爬的样子十分逗趣。妞妞笑完以后，一骨碌爬了起来，在床上模仿起小猪的样子来。

妈妈见妞妞模仿得十分到位，便捧场地鼓起掌来。于是妞妞模仿得更加卖力了，还要求妈妈也参与进来，模仿大象打喷嚏。“大象”只要一打喷嚏，“小猪”就在床上连滚带爬，两个人开心得不得了。

经过这一次，妞妞似乎找到了一种新的“游戏”，时常会模仿故事里的情节。有一次，妈妈刚下班回来，就看到妞妞举着一个玩具相机对着她拍照，边拍照边说：“熊大熊二快过来，我找到东北虎了。”

然后爷爷、奶奶就从屋子里出来了，一人拿着旅行包，一人拿着一张破报纸，嘴里还说着：“赵琳，你真厉害，这么快就找到东北虎了。”

赵琳？妈妈一时没反应过来，再一看妞妞的装扮，戴着防晒帽，背着大书包，脖子里还挎着相机，这不就是前两天刚给妞妞讲过的《探险日记》里面的主人公赵琳的形象吗？原来，妞妞与爷爷和奶奶正在模仿《探险日记》里的情节进行游戏呢！

在阅读敏感期内，孩子会有一个特殊的表现，就是他们常常会将自己代入虚幻的故事当中，假装自己是其中的一个角色，还时常要求爸爸妈妈跟他们一起扮演故事中的人物，演绎故事中的情节。

面对孩子的这些行为，有的家长认为很有趣，觉得孩子可能有一定的表演天分，所以很愿意陪着孩子一起做个“戏精”；而有的家长则觉得很无聊，就像小孩子过家家的游戏一般，大人玩起来，觉得拉低自己的智商，所以往往不愿意配合孩子一起进行。

事实上，孩子对于书中情节的模仿，并不是单纯的模仿，而是经过了用心思考后的结果。孩子想要模仿其中的情节，首先要了解故事的意思，并且记住发生的过程，然后还要根据实际的情况，对情节进行改动。比如：故事中有棵大树，但是家里却没有，这个时候孩子就会思考家里有什么东西可以代替大树。故事中有一条河，而家里没有，那么在孩子的头脑中就会勾勒出河水的样子。

这些过程，都需要孩子发挥主观能动性才可以达到，同时也是孩子对故事充分理解后的运用。因此，当我们面对孩子提出的“角色扮演”游戏时，不要推辞，虽然这会让我们变得很幼稚，但这却是表达爱的最好的方式。

淘淘 4 岁时的故事

这天，淘淘妈妈去接淘淘放学时，老师将淘淘妈妈叫到了一边，告诉淘淘妈妈说，淘淘在玩游戏的过程中，不知道出于什么原因，朝着小朋友脸上吐口水，希望淘淘妈妈回到家能够跟孩子说说，往别人脸上吐口水的行为是不文明的。

被老师批评了，淘淘妈妈感觉很没有面子，同时也为淘淘的行为感到气愤。

回到家后，妈妈便罚淘淘站在门口，然后问他："你为什么往小朋友脸上吐口水呢？"

淘淘说："我没有往他脸上吐口水，我们只是在玩儿。"

"一起玩儿，你就往人家身上吐口水吗？吐口水是不文明的行为，你知道不知道？"妈妈对淘淘不承认错误的行为感到十分生气，更加严厉地批评淘淘。

"可是故事里的口水龙就总是往别人身上吐口水呀！为什么我就不能？"淘淘不服气地为自己辩解。

淘淘这样一说，妈妈忽然想起来了，前几天妈妈刚刚给淘淘讲过一个故事。故事里有一只霸王龙，这只霸王龙只要一兴奋起来，就会往别人身上喷口水。故事情节十分搞笑，最终目的是教育孩子们能够包容其他人身上的缺陷。只是妈妈没有想到，淘淘听完故事，别的东西没有学到，倒是学会了向别人吐口水。

一下子，淘淘妈妈进入了两难的境地。从淘淘的角度出发，孩子做得没有错，他只是在模仿书中的情节罢了；但是从行为的角度而言，淘淘又做错了，因为吐口水是不文明的行为。但如果否定了淘淘的行为，就等于否定了书中的故事，那么以后再用故事给淘淘讲道理，他会不会就不听了呢？

在孩子还不具备分辨“好坏对错”的能力时，常常会模仿一些错误的行为。就像故事中的淘淘一样，虽然故事的本意并不是教给孩子们吐口水，但是淘淘觉得这个情节很有趣或是很难忘，便记住了，还模仿了起来。这个时候，我们就要及时“止损”，不好的行为绝对不能模仿。

这同时也说明了一个很严重的问题，那就是我们要为孩子挑选好的阅读读物。

首先，挑选书籍要考虑到孩子的兴趣，孩子虽然在阅读敏感期爱看书，但也只是爱看他们感兴趣的书，如果买的书孩子不感兴趣，那么即使买再多，他们也不会看。

其次，要选择内容优秀的书。在孩子小时候，对图画语言会更加感兴趣，因为图画语言更加符合孩子形象性思维的特点，更能激发孩子的阅读兴趣。所以，在给孩子选择书籍的时候，要根据孩子的年龄段来选择，5 岁以前的孩子，最好选择图片较多的绘本故事。6 岁左右的孩子，其抽象思维开始发展，可以选择文字较多、图片为辅的书籍。

在故事内容方面，最好选择贴近孩子的生活，但是又有一些变化的内容，这样才能既便于孩子理解，又能让孩子感到奇特、新颖和有趣。另外，故事情节的叙述要简单而清楚。如果是绘本故事，那么还要注意图画是否具有美感，是否能够恰当地运用色彩进行特指。

孔子曾说过："少成若天性，习惯成自然。"年幼的孩子，就像是一张白纸，我们在上面画什么，孩子就会长成什么样。我们从现在开始培养孩子好的性格与习惯，他们长大以后，就不容易改变。所以在选择故事的立意方面，要尽量去选择能够培养孩子好习惯，增强孩子自信心和爱心的故事。

第六章

2.5~6 岁，捕捉儿童的社会认知敏感期

随着孩子自我意识的发展，他们对世界的探索欲望也在逐渐提升。会从观察他人的活动，逐渐转变为想要与他人有更多的接触；从喜欢沉浸在自己的世界当中，逐渐转变为对于一些社会行为的基本规则感兴趣。

这一时期被称作社会认知敏感期，多始于孩子 2.5~6 岁。在社会认知敏感期内，孩子会在与他人的交往之中逐渐形成自我是非观，对社会规则也在不断地探索和学习中，他们会想要去了解别人并建立和谐的关系，也会学习有礼貌并且善待别人。孩子开始慢慢脱离以自我为中心的认知，转而对结交朋友、群体活动有了明确倾向。

同时，在社会认知敏感期，孩子开始意识到他们个人的行为会受到他人的影响，他人的感受和行为都会令他们的内心泛起波澜。同时，他们也更在乎周围人的选择，在面临选择时，会趋向于整个团体的选择。

人皆有社会性，我们的孩子也是如此，他们不可能脱离开社会独立存在于这个世界上。所以，在孩子的社会认知敏感期内，把孩子培养成为一个乐于并且善于与人交往的人，对孩子未来的人生有着诸多裨益。

拒绝行为，是他们"自我意识"的觉醒

在孩子 2~3 岁这个年龄段，他们会进入一个"反常"的时期，那就是不管我们说些什么，他们的答案永远是"不"，仿佛跟父母作对是他们人生的一大乐趣。

我们让他们穿上鞋，他们就偏偏要光着脚；我们让他们洗脸刷牙，他们往往会拒绝得十分干脆；我们让他们上床睡觉，他们则会满屋子玩儿"躲猫猫"……

在这个时期，很多家长会血压飙升，恨不得把这个不听话的小家伙拉过来狠狠打上一顿。其实，这仅仅是孩子的自我敏感期到了，他们开始意识到在这个世界上，每个人都有自己的身份。

妞妞 3 岁时的故事

自从妞妞进入 3 岁以来，每天晚上的洗漱时间成了妞妞妈最头疼的时刻。从前的妞妞，只要妈妈说"该洗漱了"，妞妞就会立刻向卫生间走去，从来不会说"我不去"，也不会拖拖拉拉。

可是现在的妞妞呢?

晚上已经 9 点了，妞妞还在客厅里跑来跑去，妈妈说："妞妞，该睡觉了，我们去洗漱好不好？"

“不要。”妞妞干脆利落地拒绝道。

“为什么呀？睡觉前就应该洗漱呀！”妈妈有点不能理解妞妞的拒绝，洗漱这是从小就养成的习惯，小的时候都能遵守，怎么长大以后反而不能遵守了呢？

“不要，就不要。”妞妞看都不看妈妈一眼，再次拒绝道，没有给出理由。

“妞妞不听话，妈妈生气了哦。”妈妈威胁妞妞道。

“哼，妞妞也生气了，妞妞不想去洗漱。”妞妞转身跑回了自己的房间，离开了妈妈的视线。

妈妈看了看墙上的钟表，明天早晨还要早早起床上班呢，想到这里，妞妞妈妈跟着妞妞走进了卧室，一把抱起了妞妞，说：“必须去洗漱。”

妞妞在妈妈怀里又扭身子又踢腿，努力想要挣脱妈妈，但是无奈被妈妈的胳膊夹得死死的。情急之下，边哭边说：“妈妈讨厌，我不要洗漱，我就不要洗漱。”

最终，妈妈在妞妞的哭闹声中，给妞妞洗漱完毕。

孩子的自我萌芽意识，从一两岁就开始了，到两三岁时表现最为明显。这个时期的他们喜欢说“不”，无论我们提出什么问题和建议，统统都被他们以“拒绝”的形式回应。我们觉得孩子是到了“叛逆期”，感到头痛不已，但实际上，孩子只是想通过这种方式来建立“我”的概念，表明“我”和你是有区别的。

孩子的自我意识，是他们对自己的认识和评价，对自己和他人关系的认知，这在他们发展自我个性中占有极为重要的地位。在此之前，孩子几乎将自己所有的注意力和热情，都集中在了自我构建中，逐渐形成自我，然后走出自我，融入社会。

当孩子拥有了自我意识，他们就会变得十分自我，时刻想要区别于他人，独立于他人，这一点甚至比他们要做一个乖孩子更加重要。所以，从前的乖宝宝变成了不听话的宝宝，家长感到的是无奈与愤怒，而孩子从中感到的却是与他人分离开的快乐，能够证明“自我存在”的快乐。

孩子的自我意识一旦觉醒，就会通过说“不”的方式去锻炼自己的意志，虽然他们并不知道自己拒绝的理由是什么，甚至根本没有理由，就是本能地要说“不”。这是孩子成长的规律，通常到了4岁左右就会消失。

作为家长，我们要理解孩子的这种“反常”表现，不要随便给孩子贴上“不听话”的标签，更不要强行去改变孩子的行为，或是通过责骂、暴力手段令孩子屈服。

淘淘3岁时的故事

“淘淘吃饭啦！”这已经是妈妈第三次喊淘淘来吃饭了。

“我不饿，不吃饭。”淘淘摆弄着手里的小火车，头也不抬地说。

“你现在不饿，一会儿就饿了，到时候饭菜都凉了，吃了该肚子疼了。”妈妈此时耐心已经用尽，声音也随之大了起来。说完，还用手去拉淘淘，想要把他拉到餐厅里去。

“不要吃饭，我不要吃饭！”淘淘的手紧紧抓住茶几的腿儿，说什么也不肯跟妈妈去餐厅吃饭。

这时候爸爸走了过来，对妈妈说："孩子不吃就不吃吧，咱们先去吃，吃完咱们就收拾，一会儿他饿了要吃饭了，也没有饭了，就让他饿着肚子呗。"爸爸说完，还冲着妈妈挤了挤眼睛，妈妈立刻心领神会，不再喊淘淘吃饭了。

结果爸爸妈妈刚坐下没一会儿，淘淘就自己走过来，爬上了餐桌椅，问妈妈道："不是说吃饭吗？那我的饭呢？"

妈妈忍住心中的窃喜，赶紧站起身给淘淘盛饭去了。

从这以后，妈妈似乎掌握了跟"叛逆期"的淘淘进行交流的技巧。比如：

当妈妈说："淘淘该睡觉。"

淘淘回答："我不要睡觉。"

妈妈就会说："那妈妈就先睡了，一会儿妈妈睡着了，可就没人给你讲故事了。"

这时，淘淘就会立刻爬上床，躺在妈妈身边，等着妈妈给他讲故事。

当妈妈说：“淘淘，你不要趴在地上，地上多脏呀！”

淘淘却把妈妈的话当作耳旁风。

妈妈却一点儿也不着急，等到晚上睡觉时，找了一本关于细菌的故事讲给了淘淘听，然后告诉淘淘：“地上有很多细菌，当我们趴在地上时，细菌就沾在我们身上了，如果这个时候我们不小心用手碰了嘴，那么细菌就会到肚子里，有的细菌会变成小虫子，到时候就会经常肚子疼。”

淘淘露出一副惊恐的样子，说：“妈妈，我不往地上趴了。”

比起我们绞尽脑汁去思考如何让孩子听我们的话，不如考虑考虑如何利用这个敏感期去培养孩子。

当孩子开始对我们说“不”时，一味儿地打压和强制只会让孩子感到迷茫与痛苦，如果因为家庭教育原因，孩子不懂拒绝和反抗，这是家庭对孩子造成的伤害。与其这样，不如教会孩子如何多角度看待问题。就拿“拒绝睡觉”这件事来说吧，“到点睡觉”是一个看待问题的角度，“错过睡觉时间，就会错过讲故事时间”也是一个看待问题的角度。

有时候孩子往往只能看到一个角度的问题，却无法从其他角度去看待问题，所以他们才会拒绝我们。可是当我们能够将另一个角度的问题摆在他们面前时，他们或许就意识到必须要做某件事的原因了，从而改变自己的想法。

我们一方面不要跟爱说“不”的孩子针锋相对，一方面也要保护孩子说“不”的这种勇气。一个健康的孩子，必然充满了自信，有着敢于拒绝的勇气。在面对欺凌、诱惑的时候敢说“不”，被同学欺负了，不会忍气吞声；面对陌生人的诱惑时，也不会上当。

每个家长都希望自己的孩子懂事听话，但过于懂事听话的孩子往往在外面也会“懂事听话”，过于内向胆小，碰到让自己不舒服和不喜欢的事情，也不敢说“不”。因此，孩子能够说“不”，坚持自己的想法，是件很重要的事情。

了解一下孩子这些被“占有欲”支配的行为

大人在面对自己喜欢的物品时，会情不自禁想要占为己有，孩子也是如此。在社会认知敏感期内，孩子会经历一段比较特殊的时期，在这一时期内，他们会对自己喜欢的东西产生极大的“占有欲”。在这种“占有欲”的支配下，他们会出现藏东西、偷东西、换东西等一系列行为。

思思 4 岁时的故事

思思妈妈买了一条水晶吊坠的项链，放在了首饰盒里。思思非常喜欢这条项链，好几次提出想要戴一戴，但是都被拒绝了。

一天，思思妈妈准备戴着这条水晶项链去参加一个聚会，但是打开首饰盒的时候，却发现项链不见了。思思妈妈以为自己在某次戴过之后，忘记了随手放在哪里，便在家里四处寻找，但是都没有找到。她问了思思爸爸，爸爸也说自己没有见到过。最后，妈妈去问了思思："思思，你看见妈妈那条水晶项链了吗？就是一买回来，你就说好看的那条。"

思思低着脑袋，小声说道："没有看到。"

思思的反应引起了妈妈的怀疑，于是妈妈继续说道："思思，撒谎的小孩儿要长长鼻子的，你老实告诉妈妈，你到底有没有看到妈妈的项链。"

思思看到妈妈一脸严肃的样子，有些害怕地问：“妈妈，我说实话，你会骂我吗？”

妈妈说：“妈妈不会骂诚实的孩子。”

听了妈妈的话后，思思转身回到了自己的房间，搬出了积木桶，然后把积木桶里的积木全都倒了出来，随之被倒出来的，还有妈妈的水晶项链，一张贴纸，一个塑料戒指，还有一个珍珠发卡。

塑料戒指是思思吃奇趣蛋时拆出来的玩具，珍珠发卡是妈妈很久以前买的，现在已经不用的，但是这张贴纸，妈妈却一点儿印象也没有，妈妈似乎发现了比项链找不到更加重要的事情。

“思思，这张贴纸哪里来的？谁给你买的呀？妈妈怎么没有见过呢？”妈妈问思思。

“这……这是别人送给我的。”思思支支吾吾地说道。

“谁送你的呢？”妈妈继续问。

思思却说不出了，在妈妈的再三逼问下，思思才交代了实情。原来贴纸是思思在外面玩儿的时候捡到的，她其实知道是谁丢的，但是因为太喜欢了，就悄悄地拿回了家，并藏了起来。

针对思思的行为，妈妈狠狠地批评了思思，并在第二天让思思将贴纸还给了丢贴纸的那个小孩儿。

在孩子成长过程中，最早他们分不清“你的”还是“我的”，渐渐地，他们知道了如何保卫自己的“财产”不受侵犯，与此同时，当他们看到自己喜欢的东西时，就会产生占为己有的心理。

在这种心理的驱动下，孩子会出现一些让家长无法容忍的行为，比如偷窃。可能是偷偷将父母的东西藏在自己的“秘密基地”

里，也可能是将其他小朋友的东西悄悄拿回家……当孩子出现这种“偷窃”的行为时，家长往往会火冒三丈，认为孩子出现了道德品质方面的问题。

其实，在这个年龄段孩子的心中，根本没有“偷”这个概念，他们只是看到了自己喜欢的东西，产生了“占有”的心理，于是偷偷藏了起来。追根究底，还是因为孩子只懂得考虑自我的感受，对他人物品的归属感还不是很明确，或是很强烈。

对此，我们首先要让孩子明白一个道理——“不属于自己的东西，不能随便拿，也不能随便带回家。除非取得了他人的同意。就好比，他们的东西别人不能随便拿，同样别人的东西，他们也不能随便拿。”明白了这个道理，孩子才能知道，不单单是自己的物品不容侵犯，别人的物品也是一样。然后鼓励孩子将物品归还，并在孩子归还后，给予孩子肯定。

遇到这种情况，打骂是最不可取的方式，更不要随便就给孩子扣上“小偷”的帽子，避免孩子将自己的行为与“偷”这个字眼匹配到一起。如果我们对此过于在意，也会强化这个行为在孩子头脑中的印象，很容易让孩子将假“偷”变成真“偷”。

琪琪 4 岁时的故事

琪琪的外公、外婆在出国旅行回来后，给琪琪带了一套精美的俄罗斯套娃。琪琪很是喜欢，经常在小朋友来家里玩儿时，拿出来和小朋友一起玩儿。这天，琪琪的好朋友来家里玩儿时，带了一个新买的芭比娃娃，琪琪看到后喜欢极了，当即便提出了与好朋友交换的要求，并大方地让小朋友随便挑。

小朋友转了一圈后，选中了那套俄罗斯套娃，琪琪只是短暂地犹豫了一下，就点头同意了。等妈妈发现时，小朋友早就已经带着俄罗斯套娃回家了，而琪琪还美美地向妈妈炫耀自己新得来的玩具。

想到那套价值不菲的俄罗斯套娃就换来了一个一百来块钱的芭比娃娃，妈妈心疼得几乎要滴血了，她想大骂琪琪一顿，然后让琪琪把东西换回来。但又认为在孩子心里并没有“价值”这一概念，只要能够给她们带来快乐的东西，之间的关系都是“等价”的。想到了这里，琪琪妈妈只能暗自心疼，思忖着如何将套娃再讨要回来。

正心烦意乱没有办法时，门铃响了。原来，小朋友回家以后，妈妈才发现她的玩具变了样儿，细问之下知道了事情的原委，因为两件物品之间价值相差悬殊，小朋友的妈妈便又带着小朋友过来，准备将玩具换回来。

可是两个小朋友显然都不太乐意。这时，琪琪妈妈说道：“不如这样吧，你们就交换一个星期，一个星期以后再换回来好不好？”

两个小朋友都十分赞同琪琪妈妈的建议。一个星期过去后，琪琪迫不及待地拿着芭比娃娃去换回了套娃，因为这个芭比娃娃她早就玩腻了。

孩子在社会认知敏感期内出现这种“不等价”交换的行为，是常见的现象。在四五岁孩子的眼中，他们显然还不能理解“金钱”为何物，因为他们秉承的是“快乐至上”的原则，玩具对于他们而言，可以说是“千金难买我乐意”。他们喜欢的东西，可能几毛钱的就能开心许久；但他们不喜欢的东西，上千块钱的也未必能够让他们开心。

所以，在孩子身上才会出现“不等价”交换的行为。其实所谓“价值”只是家长心中衡量物品的一杆秤，是通过金钱的多少来评定的。但在孩子看来，他们的评定标准只有“喜欢”与“不喜欢”两种，只要是喜欢的，那就是值得的。因此，在我们看来“不等价”的交换，在孩子看来完全是等价的交换分享行为，即：用自己喜欢的物品去换了一个自己更喜欢的物品。

那么在此之前，孩子的行为是什么呢？那就是遇到喜欢的物品，要么直接拿过来，要么抢过来，再或者哭天喊地地要求父母给他们买一个。

当“交换”行为出现以后，说明孩子的心理有了更进一步的成长，这是孩子长大的信号。因此，孩子这种交换分享行为，不应该受到家长的阻挠与批评，更不应该被逼着将东西换回来。因为孩子这种在我们眼中“吃了亏”的行为，实则隐藏着“契约精神”，孩子在意的不仅仅是交换回来的物品带给自己的欢喜，更重要的还有与小伙伴一起建立起来的“交换契约”。有时候对孩子而言，交换中产生的契约精神比任何物品的价值更加重要。

因此，如果孩子的交换行为被父母否定，那么孩子就会对自己的行为产生怀疑，认为自己这种重视与小伙伴达成的契约共识的思想是不对的。但实际上，言而有信，不应该是被倡导的行为吗？那么，面对孩子的“不等价交换”行为，我们应该怎么做呢？

首先，要尊重孩子的行为。从本质上而言，这是一种好的行为，因此应该得到父母的尊重与支持。

其次，在日常生活中，我们要尝试着给孩子灌输“价格”的概念，通过生活里的例子慢慢地引导孩子建立自己对金钱的价值观。

再次，可以跟孩子制定一个“交换规则”，将孩子的物品分出等级，什么是不可以交换的，什么是可以交换的，什么是可以赠送的，这样就可以很大程度上避免孩子“吃亏”了。

最后，如果孩子的“不等价交换”给家里造成了较大的经济损失，那么家长可以通过大人之间的交流来解决这个事情，不要逼着孩子去换回来；如果孩子是“占便宜”的一方，那么我们一方面要告诉孩子两个物品之间的价格差别，另一方面要想办法将对方的损失弥补回来。

总之，在处理孩子“不等价交换”的行为背后，反映的是我们处理孩子人际关系的能力，处理得好，孩子也能从中学会如何去处理自己的人际关系；处理不好，孩子也会受到负面的影响。

关于身体的奥秘，是时候讲一讲了

从出生开始，孩子其实就已经对自己的身体进行探索了，比如：孩子经常将手指和脚趾放进嘴里“品尝”的行为，就是在对身体进行探索，只是那个时候的他们，探索是出于本能。

但随着孩子年龄的增长、认知能力的提升和思维能力的发展，他们的思考能力也变得强大起来，这个时候，他们会对身体及性别产生极大的兴趣。

妞妞 4 岁时的故事

晚上睡觉前，妞妞附在妈妈耳边，悄悄地说：“妈妈，我今天看到超超的小鸡鸡了。”说完，捂着被子偷笑起来，露出一双狡黠的小眼睛。

妈妈被妞妞的话吓了一跳，一个小女孩儿怎么能张嘴闭嘴地就谈论男生的隐私部位呢？简直没羞没臊。于是妈妈用略有些责备的语气对妞妞说：“你怎么能随便看别人的隐私部位呢？男女有别知道吗？”

妞妞不解妈妈为什么要批评她，委屈地辩解说："不是我随便看的，是他在外面玩儿时憋不住了，站在我面前尿尿，我才看到的。对了妈妈，男生都是站着尿尿吗？我能站着尿尿吗？还有，什么是男女有别呀？"

妞妞一连串的问题，把妈妈问得一个头变成了两个大。

妈妈忽然意识到，妞妞越来越大了，得给她讲讲男生和女生之间的区别了。没过几天，妈妈就拿回家两本书，一本书是讲男生的身体构造的，另一本书是讲女生的身体构造的。讲故事的时候，妞妞听得认真极了。故事完了，还是充满了好奇心，指着妈妈的胸部问："妈妈，为什么你这里这么大？"然后又问："爸爸是男生，那爸爸的身体是不是就跟书上画得一模一样？"

为了彻底满足妞妞的好奇心，妈妈决定豁出去了，拉上妞妞爸爸一起脱光光，然后并排躺在床上，让妞妞进行观察，妞妞只用了一会儿，就找出了爸爸、妈妈身上的不同之处。并且还提出了很多问题，妈妈都耐心地回答了妞妞。果然，经过这样一次观察了解后，妞妞后来再也没有提及过相关的问题。

四五岁的年龄，是孩子性别敏感期发生的阶段。在此期间，孩子会发现男性与女性之间的诸多不同之处，由此使得他们对人的身体产生了极大的好奇，尤其是对异性的身体，更加渴望弄明白是怎么一回事。

对于性别和身体的好奇，是孩子成长过程中必经阶段。但对此，很多家长会采取尽量不谈，谈起来也是含糊其词的态度，这样只会阻碍孩子的心理发展。而孩子的心理需求得不到满足，这种心理就会一直延续下去，并且难以实现转移。孩子到了青春期，他们被压抑的好奇和欲望就会如火山喷发一般喷涌而出，变得容易冲动和叛逆。

因此，当孩子进入性别敏感期时，我们应该抓住这个机会，用科学的方式，将人体的构造讲给孩子听。尤其是关于身体私处的问题，更加不能含糊其词，要大方地告诉孩子男女之间的不同之处。这在家长口中，可能是难以启齿的部分；但是在孩子眼中，身体每个部位都是一样的，身体私处就像身体上的鼻子、眼睛、耳朵一样，并没有什么特殊之处。

但如果我们提及此事时，总是遮遮掩掩、吞吞吐吐，那么孩子的好奇心不但不会降下去，反而还会越来越大。相反，如果我们能够坦然面对此事，就像故事中妞妞的爸爸、妈妈一样，脱下衣服让孩子大大方方地观察，那么孩子满足了好奇心后，自然就不会再去探究了。

另外，在此期间，孩子还会出现抚摸自己下体，抚摸妈妈乳房的行为，此时切忌将孩子的行为与“性”挂上钩，孩子只是在认识身体，在客观地了解这个世界。

晨晨 5 岁时的故事

这天吃饭时，晨晨忽然问妈妈：“妈妈，我是从哪里来的？我们幼儿园的小朋友都说自己是爸爸妈妈从垃圾堆上捡来的，是真的吗？”

晨晨妈妈听了，连忙表示肯定，说：“对啊对啊，都是从垃圾堆上捡来的。”

“那垃圾堆上为什么会有小孩儿呢？”晨晨不解地问，毕竟他每次路过垃圾堆，从来没有在那里见过小孩儿。

妈妈被晨晨问住了，想了半天，才说道：“因为有的小孩儿不听话，妈妈不想要他了，就会把它扔到垃圾堆上，然后谁要是想要小孩儿了，就去垃圾堆上捡。”

“那我为什么没有在垃圾堆上见过小孩儿呢？”晨晨又问。

“因为……因为扔小孩儿的垃圾堆都是那种大的垃圾堆，咱们家附近没有。”妈妈说，紧接着又补充了一句，说：“而且扔小孩儿的那种垃圾堆，都是那种专门扔小孩儿的垃圾堆，跟咱们平时见到的垃圾堆不一样。”

妈妈说得十分逼真，晨晨也当了真，早饭吃到一半，瞬间便没有了胃口。妈妈见到晨晨反应异常，便连忙关切地问道：“儿子，你怎么了呀？”

晨晨委屈巴巴地问妈妈：“妈妈，你会不会把我扔到垃圾堆上？”

“那就要看你表现了，你要是乖乖的，妈妈就不扔你；你要是不乖了，妈妈就把你扔了。”妈妈回答说。

晨晨连忙说：“妈妈，我听话，你别扔我。”

看着晨晨焦急的样子，妈妈心里暗暗窃喜，没想到随便编的一个答案，还能成为“制住”孩子的法宝。

在对人的身体产生极大兴趣的同时，孩子也很关心另外一个问题，那就是“我从何而来”，这是一个令父母们头痛的问题，根本不知道该怎么向孩子解释。但是，这个问题却十分重要，因为这个问题关系着孩子的安全感与幸福感。

故事中晨晨妈妈的回答，就是常见的错误答案。晨晨妈妈自以为自己成功地将孩子搪塞了过去，避免了回答这个令人尴尬的问题。但实际上，却令孩子产生了极大的不安全感，甚至造成了一定程度的心理伤害，时刻担心着自己会不会再次被妈妈扔掉。

或许在家长看来，这只是一个随意的玩笑，甚至还觉得孩子害怕的样子十分有趣。但对孩子而言，这是十分恐怖的事情，在他们心里，没有什么事情比离开爸爸、妈妈更让他们感到害怕和焦虑的。因此，这样的玩笑，万万不可以再与孩子开了。

那么，当孩子问到“我从哪里来”时，我们要怎么回答呢?

首先，不要欺骗孩子。我们觉得难以启齿，往往是因为我们讲这个问题与“性”联系到了一起，而为了避免孩子过早地接触“性”，所以选择了搪塞敷衍，甚至欺骗的方式来应对孩子。其实大可不必这样紧张，我们只要站在科学的角度去解答这个问题，事情就会变得简单许多。

孩子的出生，就是精子与卵子结合的过程。精子在爸爸的身体里，卵子在妈妈的身体里，当精子和卵子结合在一起时，就会变成一个小小的种子，然后种在妈妈肚子里。妈妈的肚子里有个子宫，里面又暖和又舒服，种子一点一点变大，就长成了小宝宝的样子。等小宝宝长到一定程度后，就会觉得妈妈的肚子里很挤了。这个时候，他就想到外面的世界看一看，于是就从妈妈的肚子里出来了。

通过这样科学的解释，孩子既知道了自己是从妈妈肚子里出来的，又知道了自己与爸爸也有某种关联，这会令他们感到很安全、很踏实。

如果是通过剖宫产生出的宝宝，那么还可以让宝宝看看妈妈肚子上的伤疤，告诉宝宝他出生的过程，这样孩子会直观地了解到自己是如何来到这个世界上的。现在的一些百科全书、绘本故事等，都对这个问题进行了全面科学的解释，可以用来帮助孩子了解出生的真相。

面对孩子的“结婚”对象，千万不要慌

五六岁时，孩子进入婚姻敏感期，有的孩子可能会更早一些。当孩子提出要和妈妈或是爸爸结婚，或者想要跟老师结婚时，就说明孩子的婚姻敏感期来临了。只是他们还小，对婚姻的认识还不明朗，不能区分和认识年龄与婚姻之间的关系。但是随着年龄的增长和各种认知的发展，孩子对婚姻的认识也会越来越清晰，他们的结婚对象会逐渐趋向于同龄的异性。

淘淘 4 岁半时的故事

过年的时候，妈妈带着淘淘回老家过年，长相白净、打扮时尚的淘淘就像一个小明星一样，引起了左邻右舍的喜爱。有长辈开玩笑般地对淘淘说：“我们淘淘这么帅气，长大以后小女生都得跟着

你屁股后面跑，到时候你妈可不用愁给你娶媳妇了。”

年龄尚小的淘淘还不知道大人的意思，便问妈妈：“妈妈，什么是娶媳妇？”

“娶媳妇就是结婚呀，像爸爸妈妈一样，妈妈就是爸爸的媳妇。”妈妈解释道。

“那我不要娶媳妇，我要跟妈妈结婚。”淘淘抱着妈妈的脖子，一脸认真地说。

这个答案引得大家哈哈大笑，淘淘看到别人都在笑他，以为自己说错了什么，立刻变得窘迫起来。

妈妈心知这是孩子对自己爱的一种体现，心里觉得很满足，同时也觉得有必要给予孩子正确的引导。

于是，妈妈告诉淘淘：“你不能跟妈妈结婚呀，因为孩子是不能跟妈妈结婚的，而且妈妈已经跟爸爸结婚了，不能再跟别人结婚了。”

“那妈妈为什么要跟爸爸结婚？”淘淘不解地问。

“因为妈妈爱爸爸，爸爸也爱妈妈，所以我们就结婚了呀。”妈妈回答道。

“哦。”淘淘若有所思地点了点头。

新年过后，淘淘又回到了幼儿园。一天放学回来后，淘淘对妈妈说：“妈妈，我们李老师要结婚了，我也想跟李老师结婚。”

妈妈听后吃了一惊，前段时间还说要跟自己结婚的儿子，转眼间就“移情别恋”了。于是便问：“你为什么想跟李老师结婚呢？”

“因为李老师好，从来不骂我们。”淘淘认真地说。

“可是，你不能跟李老师结婚呀。”妈妈颇有些无奈地说。

“我不能跟你结婚，也不能跟李老师结婚，那我跟谁结婚呀？”淘淘疑惑地问。

关于这个问题，淘淘妈妈还真不知道怎么回答淘淘，毕竟淘淘还小，结婚还是遥远的事情。

孩子在4岁以后，会出现婚姻敏感期，表明孩子对性别、对自我、对异性已经产生了初步的感觉。同时，很大程度上标志着儿童的情绪、情感达到了一个趋向成熟的状态。孩子可以认识到，婚姻是异性之间的结合，但是他们还没有年龄的区分，所以他们想要的结婚对象，可能是自己的爸爸妈妈、老师，或是其他长辈。

这在大人看来，是童言无忌的表现，让人感到十分有趣，但是切忌不能因此而嘲笑或是批评孩子。孩子愿意告诉我们他的想法，是孩子对我们的信任，如果我们不能理解他们，那么将会打击孩子的表达积极性，再有相似的想法时，他们会选择不告诉我们。

我们能否正确地解决这个时期的问题，将决定着能不能帮助孩子健全他的情感世界，健全他的家庭关系认知，以及健全他的婚姻关系认知，让孩子们将来的感情和婚姻生活更顺利、更幸福。对于孩子而言，这样影响深远的事情，他们通过几个月就能发展完成，但成人也许花上十年甚至一生都没有办法解决。

所以，不要将孩子在婚姻敏感期内的表现当成儿戏。我们首先要让孩子明白，婚姻关系的核心是彼此相爱，其次要鼓励孩子勇敢地表达情感，最后要教会孩子正确表达情感。比如：想要亲吻喜欢的异性时，先要征求对方同意。

平时，可以通过一些绘本故事，与孩子讨论一下关于爱、婚姻、道德的问题。比如：可以告诉孩子，你喜欢的人，不一定就必须喜欢你。遇到不喜欢自己的人时，可以选择换一个人喜欢。

在孩子的婚姻敏感期内，只要我们能够以平常心正确地对待孩子的表现，明白这只是他们对异性最早的觉醒，不必太在意，也不用小题大做。

琪琪 5 岁时的故事

这天，琪琪从幼儿园回家以后，告诉了妈妈一件大事，她要结婚了，结婚对象是琪琪妈妈完全不认识的一个小男孩儿。一时间，妈妈都不知道该怎么回应琪琪。

见妈妈没什么反应，琪琪便独自去玩儿了，但妈妈的心里却一直惦记着这个事情。虽然说小孩子的话不能当真，但是妈妈却很好奇，一个能吸引自家女儿的男孩儿究竟是什么样子。晚上睡前谈话时，妈妈试着聊起了这个话题。

“琪琪，你放学回来时说你要结婚，能跟妈妈说说跟你结婚的男孩儿吗？”妈妈问。

“他是我们班的班长，他还能主持节目。我和囡囡（琪琪的幼儿园好朋友）都喜欢他，囡囡说以后要跟他结婚。但是我们商量好了，我先跟他结婚，就下个星期。”提起那个小男生，琪琪一脸的崇拜之情。

琪琪妈妈却倒吸了一口冷气，原来这个小男孩儿还是一个“抢手货”，不但如此，琪琪还有一个“情敌”，两个人还约定好一个先结婚，一个后结婚。本来只是想打探下小男孩儿的情况，结果事态好像更加严重了。琪琪妈妈觉得又好笑又无奈，她不知道该怎么跟孩子说他们还没有到法定结婚年龄，也不知道该怎么跟孩子说两个女生不能同时嫁给一个男生。

就在琪琪妈妈日思夜想地寻找答案时，琪琪忽然有一天跟妈妈说：“妈妈，我再也不跟高高（之前琪琪口中的结婚对象）结婚了，他今天上课揪我辫子，还拿着我的发卡不给我，老师都批评他了。”

看着琪琪一副气鼓鼓的样子，琪琪妈妈终于松了一口气，但随即又紧张起来，毕竟“躲得过初一，躲不过十五”呀！

上幼儿园后，孩子的社交圈子进一步扩大，他们开始接触除父母亲人以外的其他人，朋友之间的依赖关系逐渐发展起来。最开始，孩子会选择一个小伙伴交往，慢慢地变得可以与多个小朋友一起玩耍，接着又回归到只与一两个小朋友保持十分要好的关系。这是孩子社交能力的发展与变化，他们在不断地摸索，逐渐找到更能够玩到一起的好朋友。

所以我们会发现，在这期间，两三岁时孩子玩儿得很要好的朋友，到了四五岁时，就会变得完全不愿意一起玩儿了，然后到五六岁时，孩子就有了固定的玩伴儿。在这期间，孩子会通过言语和行为表达出对异性朋友的喜欢，而他们的喜欢也很单纯。可能是因为那个小朋友长得可爱，也可能是那个小朋友经常和他一起玩儿，还可能是那个小朋友很优秀，拥有很多才能……

因为喜欢和对方一起玩儿，所以孩子很有可能突然对父母提出想要跟某某小朋友结婚的要求。每当这时，大部分家长会感到惊慌失措，不知如何面对这个局面，甚至还会以成人之间的婚姻观、道德观，去理解孩子之间单纯美好的情感。

因此，有的家长会在孩子提出“结婚”的要求时，紧张地追着孩子问具体的情况，甚至还会说出批评和打击的语言。家长紧张过度的表现，会令孩子感到一定的心理压力，使他们原本简单而又美好的感情变得复杂起来。这样很不利于孩子建立正确的“婚姻观”。

正确的做法，就是大大方方地与孩子谈论一下“喜欢谁”这个问题。孩子之间的喜欢是件简单并且很正常的事情，被孩子喜欢的人，必定有闪光点吸引着孩子的注意，这时我们就可以帮着孩子一起分析一下对方身上的优点，引导孩子去学习。

千万不要板起脸来对孩子进行说教，这样很容易伤到孩子的感情，剥夺孩子成长的快乐，并影响孩子对婚姻的看法。在孩子的社会认知敏感期内，对孩子的婚姻观进行正确的引导，能够为孩子未来的婚姻关系奠定良好的基础。

面对异常敏感的超级“黏人精”，只能包容

在成人的认知里，孩子越长大，就应该变得越坚强、越独立。可是孩子在四五岁时，往往会表现出“往回活”的现象，那就是越长大反而对爸爸妈妈表现出越依赖的样子，而且还异常敏感，动不动就爱哭鼻子。

其实，这表明孩子进入情感表达的敏感期，他们内心的情感世界已经被唤醒，发现了感情是可以互动的，自己委屈时会得到父母的安慰，自己对父母不舍时，内心会感到难过。

晨晨 5 岁时的故事

这天，妈妈在去接晨晨放学的路上遇到一点儿意外，所以不能按时到幼儿园接晨晨了，便给晨晨老师打了一个电话，让晨晨在幼儿园里多留一会儿。

一开始，晨晨并不着急，与其他几个小朋友在教室里玩。后来，小朋友们陆陆续续被爸爸、妈妈接走了。晨晨开始感到不安起来，坐在教室门口的台阶上怎么也不肯回到教室里，无论老师拿什么玩具逗他，他都高兴不起来，口口声声说道：“我要在这里等妈妈。”

老师只好拿来了两个垫子，陪着晨晨一起在门口等。天快黑时，

妈妈才赶到，晨晨看到妈妈后并没有像往常那样飞奔过去，而是委屈地哭了起来，并抽泣着问：“妈妈，你是不是不要我了？”

妈妈连忙安慰道说：“怎么会不要你呢？妈妈只是有些事情耽搁了，现在不是来了吗？”

但是晨晨依旧一副十分难过的样子。到家以后，晨晨对妈妈说：“妈妈，你以后能不能早点接我，让我放学后第一眼就能够看到你。”

“好，好，妈妈答应你。”得到妈妈肯定的回复，晨晨才安下心来。

可是没过几天，妈妈就忘记了对晨晨的承诺，有一天出门晚了，等妈妈赶到学校，已经有十几个小朋友被接走了。

看到来晚的妈妈，晨晨一脸的不开心，一路上都在埋怨妈妈来晚了，还说妈妈说话不算数，以后再也不相信妈妈了。

妈妈解释了半天迟到的原因，可是晨晨就是听不进去。妈妈有些生气了，她认为5岁的男孩儿，已经是一个小小的男子汉了，怎么能这么黏妈妈呢？

在孩子情感表达的敏感期，他们会变得十分依恋父母、黏着父母，甚至要比婴儿时期的他们更加离不开父母。这时，我们往往会认为孩子变得脆弱了，承受能力还不如小时候。但事实却恰恰相反，孩子忽然变得依赖于爸爸妈妈，是他们从依恋走向独立的过程。此时的依赖，只是为了告诉我们，从此以后他们会渐渐独立起来，这是孩子正常成长的一个标志。

孩子之所以在独立前会经历这样一段时期，一来是因为在此之前，孩子一直都被父母无微不至地照顾着，但到了三四岁，他们不得不离开父母身边去上幼儿园，当离开朝夕相处的父母，要面对一个陌生的环境时，孩子自然会产生不安、恐慌的情绪。二来是在这个阶段，孩子对身边的爱感受更为明确了，使他们内在的情感世界被唤醒了，他们希望通过依赖的方式，实现情感互动。最后就是孩子对自己的情感有了更加深刻的认识。在此之前，孩子与父母分开时黏人，是因为缺乏安全感而自然流露的一种情绪反应。但是 4 岁以后，孩子会产生更多更复杂的情感，比如伤心、失望等，与父母分开时，他们就会害怕父母不再爱他们了，这使得他们对父母产生过度的依赖。

对于任何一个人而言，情感只有表达出来，才会具有积极的意义，因为人生需要靠爱来延续，而一个人未来的情感状态，将取决于他们童年时期的情感经历。有一句话这样说：童年的缺陷要用一生来弥补。所以，此时孩子的情感需求十分重要，只有我们满足了他们的需求，能够接纳他们的情感，孩子才能拥有更加丰富的情感世界。

其实，孩子的情感需求十分简单，他们的关注点永远离不开“爸爸妈妈是否爱我”，明明会穿鞋子却让妈妈帮忙穿；明明自己可以去喝水，却偏要爸爸给端过来；明明可以自己走路，却非要妈妈抱一会儿……

这一切，只是他们想要证明“爸爸妈妈爱我”而已。我们满足了他们的需求，他们的内心就被安全感所充斥着；如果我们拒绝了他们，他们就会陷入“爸爸妈妈不爱我了”的恐惧之中。因此，我们要时刻让孩子感觉到我们在关注着他们，只要他们需要，我们就会给予陪伴。

总之，我们要尽可能地满足孩子的情感需求，向他们表达我们对他们的爱，并且对孩子爱的表达，要欣然地接受，积极地配合。

思思 5 岁时的故事

思思 5 岁时，妈妈给思思生了一个小妹妹。妈妈觉得思思已经大了，很多事情可以自己做，于是便将大部分的精力都放在了照顾妹妹身上。好几次，妈妈在照顾妹妹时，思思都会站在一旁看着，然后问妈妈："妈妈，你是不是特别喜欢小妹妹？"

妈妈说："当然啊，妹妹多可爱啊，你不喜欢吗？"

思思没有回答妈妈，而是问妈妈："妈妈，那你喜欢我，还是喜欢妹妹？"

妈妈想要逗逗思思，便回答说："当然谁乖我就喜欢谁啦。"

思思听了妈妈的回答，眼泪立刻"啪嗒啪嗒"地掉了下来。妈妈立刻笑着安慰了几句，并没有放在心上。

这天妈妈正在哄小妹妹睡觉，眼看小妹妹就要睡着了，忽然另一个房间传来了思思撕心裂肺的哭泣。

"疼……疼……我手好疼……我不要奶奶看，我要妈妈看……"思思哭喊道。

妈妈不知道发生了什么，以为思思受了严重的伤，三步并作两步跑了过去。发现思思正握着一根手指头坐在椅子上哭，连忙问是怎么回事。

奶奶连忙解释说："这不是该睡觉了嘛，我帮她脱衣服，衣服碰了她手指一下，她就哭了，说是疼。我说看看，也不让我看，非要你来了看。"

看到妈妈来了，思思哭得更伤心了，松开手，让妈妈看。妈妈翻来覆去看了一圈，也没发现手指头哪里受伤了。正疑惑呢，思思指着手指头上起了倒刺的地方，说道："奶奶给我脱衣服，碰到我这个皮了，特别疼。"

妈妈心想：连血都没有流，又能疼到哪里去呢？但是看到思思那委屈的样子，妈妈只好装出心疼的样子，安慰了思思几句。妈妈安慰完后，思思立刻不哭了。

在孩子进入情感表达的敏感期后，很多家长会发现，以前挺坚强不爱哭的孩子，忽然之间就变成了一个"小哭包"。

3岁之前，孩子哭泣，往往是因为表达能力有限，需要用哭泣来表达自己生理方面的感受，比如难受、饿了、困了等。过了3岁，孩子的表达能力越来越强，掌握的词汇也越来越多，他们完全可以通过语言来表达自己的感受了。这时候，有一段时间，孩子会表现出十分“坚强”的样子，不那么爱哭了，这往往被大人们视为“长大了”的表现。

但是到了四五岁时，孩子忽然又变得爱哭了，而且常常因为一些鸡毛蒜皮的小事哭泣。这不是孩子不懂事的表现，而是孩子情感表达的需要。哭泣，只是他们在表达内心的情感。比如：当他们觉得爸爸妈妈忽略了他们，或是爸爸妈妈回家晚了，他们的内心感到了委屈和思念，这些感受都令他们的内心感到不舒服，但是他们又找不到合适的词语来形容这种感受，于是，哭泣成了最直接的表达方式。

还有些时候，大人营造出了一种“委屈”的氛围，使得孩子觉得自己应该用“哭泣”来应对。比如：当孩子摔倒了，可能并不是那么疼，孩子本身并没有想要哭泣，但这时家长抱起孩子来说：“哎呀，宝贝摔得疼不疼呀？妈妈给揉揉。”此时家长的语言就将孩子置于一个比较“可怜”的境地，那么原本并未觉得委屈的孩子，这时就会觉得自己委屈。

面对这一时期的孩子，我们既不能过分心疼孩子，也不能采取漠视的态度，理智对待最好。如果孩子只是稍微的磕碰，那我们就不必过分紧张，鼓励孩子勇敢面对；如果孩子真的受到了较大的委屈，那么也要允许孩子哭泣，并给予孩子贴心的安慰。

不管孩子因为什么哭泣，都是为了达到某种诉求，我们不要认为一味地满足孩子，就会将孩子惯坏。实际上，总是不满足孩子的心理渴求，才会对孩子的成长不利。因此，我们要允许孩子哭泣，哭泣可以帮助孩子缓解压力，减轻痛苦，释放坏情绪，表达内心的委屈。

不过，如果孩子特别爱哭，我们就不能坐视不管了，而是要寻找他经常哭的原因，并对症下药。